絹の道の懸け橋

サカエトレーディングの歩んだ60年

花崎 絹子

サカエトレーディング設立当時の花崎良平。香港にて

花崎良平（左）と二人三脚でサカエトレーディングを支えた平田良夫氏（右）

ともに香港市場を開拓した民興の黄興氏（左）と花崎良平（中央）

香港の展示会場にて。花崎良平（左）と民興の黄興氏（右）

社長室

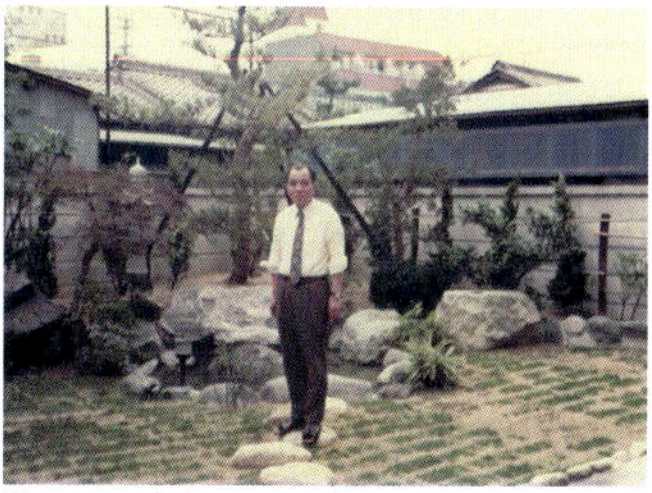

竣工した本社ビルの奥に造った日本庭園。池が設けられ、四季折々の景色が楽しめた

1974（昭和49）年本社ビル竣工

竣工記念パーティにて、来賓の方々へ挨拶する花崎良平（中央）

初の海外支店となった香港支店、1990年代の内観

香港の展示会でサミットブランドの芯地接着機を展示

東南アジアの新しい拠点として、1989（平成元）年、マレーシアのクアラルンプールに設立したマレーシア支店のハナザキトレーディング

マレーシア支店のスタッフと著者(右)

マレーシア支店を訪問した花崎良平

香港のテレサ・リーさんと、中国・香港・東南アジアの巨大なガス器具市場を共に開拓した。中国のガス会社訪問時（左上）、千葉のバルブ工場（右上）。香港の集合住宅ガス配管システム視察（左下）、中国のLPガス基地（右下）

1995（平成 7）年4月、社屋の1階エントランスに立つ花崎良平

2002(平成14)年に新しい本社ビルが完成

旧社屋の建て替えとともに、日本庭園は廃された

80歳になっても花崎良平はパソコンなど新しいスキルの習得に余念がなかった

晩年、旅路に思いを馳せる花崎良平

2019（令和元）年、60周年を迎えたサカエトレーディング一同の食事会

砂漠のかなたへ ―― まえがき

サカエトレーディング株式会社の創業者で、私の父である故花崎良平《はなざきりょうへい》は読書家でした。

記録文学、歴史小説、ミステリー小説まで興味は尽きないようでしたが、特にノンフィクションの作品を好んでいました。

父の蔵書に一冊の古書がありました。それは一八九七（明治三〇）年、仏典研究のため日本を出発し、数年かけて鎖国中のチベットへ密入国した日本人僧侶、河口慧海《えかい》氏の著書『チベット旅行記』でした。仏典を求めてインドからチベットに入国するのに五年以上の歳月を要したという、まさに生死を賭した旅の記録です。

明治政府は、日本の近代化のための富国強兵を目標とし、仏教も廃仏毀釈の影響を受けて衰退していました。慧海氏の行動は、この時代が求める日本人像とはかけ離れているように思われますが、著書が出版されると、多くの日本人が驚きと感動をもってこの本を手にしました。今で言うベストセラーになったのです。

父がこの本を読んだのは、それよりずっと後の昭和初期の少年時代です。未知の土地への旅行記に胸躍らせると同時に、河口慧海氏の堅固な意志に圧倒されたそうです。

さて、今から半世紀近く前の一九七六（昭和五一）年夏、学生だった私は父と一緒に、約一カ月かけてイタリアのローマを目指しながらイラン、トルコ、ギリシアを旅していました。

同行者は、夏休みを利用してシルクロードを西へ西へと旅していた大学の教授と学生数名でした。彼らは、前年までに三回に分けて、中国の西安《せいあん》から、インド北部ヒマラヤ山脈の麓を経由し、アフガニスタンまでの古代遺跡探訪の旅を終えていました。そしてこの年、総仕上げとして「西の最終都市、ローマ行」に挑戦したのです。

父と私は縁あってこの一行に同行することになりました。当時日本から手配できたのは、テヘラン、イスタンブール、アテネ、ローマなどの大都市間の飛行機とホテルだけでした。イランやトルコの奥地では、現地でガイドを雇い、地図を見ながらジープで移動しなくてはなりませんでした。それは、出発前に想像していたよりもはるかに困難なものでした。

この旅行に加わったのは、父の仕事が軌道に乗り、事業を拡張し、多忙さが際立っていた時期でした。現在と違い、通信手段に限りがあった時代です。一カ月間も社長が会社を不在にするリスクを冒したのは何故だったのでしょうか。本書でサカエトレーディング六〇年の歴史を辿る中で、答えが見つかることでしょう。

西域の物品をラクダの背に積み、果てしない砂漠を横断した隊商《キャラバン》が辿った道、シルクロード。この旅より、父と私の人生は、一本の線で繋がれていった気がします。それは、サカエトレーディングという隊商が、道なき道を切り拓き歩んできた道のりでもあります。

一つ一つのエピソードは、まるで砂上の足跡のようです。時が過ぎ、一陣の風が吹けば、跡形もなく消えてしまいます。しかし、そんな自然現象に抗いつつ、今日まで歩み続けたサカエトレーディングの歴史を本書に記録することにより、その精神・情熱・信念を次世代の人達に語り継いでいきたいと思います。

未知の世界へ向かおうとする、すべての夢多き人々の道標《みちしるべ》になることを願いながら。

二〇一九（平成三一・令和元）年　春

サカエトレーディング株式会社

代表取締役　花崎絹子

絹の道の懸け橋／目次

創業者　花崎良平小史

第一章　サカエトレーディングの始まり

1　花崎良平の商社マン前史

――大陸へ

出生　花崎良平の先祖は、江戸時代初期より静岡県清水（現在の静岡県静岡市清水区）で紺屋《こうや》を営んでいました。

店は「木戸紺屋」と呼ばれ、明治時代に入る頃には、藍染めだけでなく染め物全般に手を広げていました。親族以外にもたくさんの奉公人を抱えた財力のある旧家でした。

しかし大正時代の初め、清水に大火災が起き、店は多大な被害を受けました。本家の次男であった良平の父邦太郎《くにたろう》と母のまつは、それを機に、名古屋城下の東南角、商業地と住宅地が入り交じっていた中区池田町に居を移し、染め物の商いを始めました。

邦太郎は友禅の絵柄を自ら描くなど、色彩と図案の才能を持っていましたが、口数が少なく穏やかな性格で、商いを手広くして店を大きくしようとは思わなかったようです。

夫婦にとって、家族全員が健康で平穏な生活を送ることが一番大切でした。

花崎良平は、一九二二（大正一一）年この地で邦太郎の次男として誕生しました。すでに兄と二人の姉がおり、後に二人の妹が生まれて、家族総勢八人となりました。

両親が望んだように良平の兄、姉、妹全員が八〇歳以上の長寿となりました。

幼き日のこと

一九二九（昭和四）年、米国に端を発した経済恐慌は、やがて世界に広がり、日本でも昭和恐慌という経済危機を招きました。邦太郎も請け負った手形保証のために、多額の借金を抱えることになりましたが、夫婦は寡黙にこの苦しい時代を乗り越えていきます。おかげで良平は、伸びやかな少年時代を過ごすことができました。

「幼い頃の花崎良平は泣き虫だった」と、良平の姉二人は振り返ります。彼女たちが泣いている良平を抱っこして家の外に出ると、わざわざ近所の人たちがあやしに出てくるほど、可愛らしい色白の子供だったそうです。

良平は、長じて父・邦太郎似の無口な青年になるのですが、池田町の時代は、ごく普通に学校に通い、帰宅してからは、まだ残る自然の中で近所の子供たちと遊び回っていました。

晩年、池田町の生家と町の様子を文章に残しています。

私の家はその「関所《かんじょ》」（著者注――幅一間から一間半の路地のこと）の奥の武家屋敷のような構えの借家であった。門から玄関まで二坪ばかりの空き地というか十歩ほど歩かねばならない。東側に独立の五坪ほどの家屋が一棟あり、武家屋敷なら仲間《ちゅうげん》か召仕が起居する家であったろうかと思う。私の生まれた時にはそこは木工店の板材の置き場になっていた。

ある大掃除の時、畳を上げて床下の柱を見たら「明治八年」という文字が見えた。明治八年に新築したのか改修したのか分からないが、明治八年からこの家が建っていたことは間違いない。

小学校に通っていた時代、一年に一回、多分秋の彼岸の頃だと思う。弘法様のお祭りと私達が呼んでいた「施しの日」に東陽町界隈の商家は子供達にお菓子などをくれる風習があった。この日一日で一カ月分くらいのおやつの菓子を集める子供もいた。さすがに大人で貰いに歩く人は少ないが、それでも老人などは大きな袋をさげて遠慮なく施しを受けている。もっとも誰にでも差別なく施しをするのが本来の主旨であるから当然かもしれない。

しかし、私が小学校を出て数年経つと自然にこの「施しの日」は消滅していったと思う。多分支那事変が始まり統制経済となり自然に絶えたのだと思う。

花崎良平「閑所」

良平は、子供ながらに、太陽の光の変化や、草花や木々の成長、小さな虫たちの動きに四季の移ろいを感じ取っていました。その感性は美術の才能に繋がっていたのかもしれません。しかし、両親は、良平より一〇歳年長の長男が美術学校へ進学した時点で、早々に「良平は商売の道へ」と進路を決めてしまいました。

満州へ旅立つ

一九四一（昭和一六）年、両親の希望通り、良平は商業専門学校を卒業し、南満州鉄道株式会社（以下満鉄）に入社しました。

日清戦争（一八九四年）、日露戦争（一九〇四年）で、朝鮮半島と中国東北部を獲得した日本が、その地域の鉄道敷設と運営のため、一九〇六（明治三九）年に設立したのが、満鉄でした。

鉄道は大連から新京《しんきょう》（現・長春）までの本線に加えて、いくつかの支線が南満州全域に張り巡らされていきました。良平が入社した頃には、さらに北満鉄路として哈爾濱《ハルビン》まで本線が延ばされていました。

事業は鉄道だけに留まらず、沿線都市の建設・運営、港湾の整備、炭鉱開発と多岐にわたり、日本の国策会社としては最大規模の組織でした。また特徴的であるのは、一九三一（昭和六）年の満州事変と翌年の満州国建国を機に、日本軍の大陸進出の前線基地としての役割をも果たしていたことです。

日本国民が、こぞって満州に関心を持っていた

影響で、新卒の若者にとって満鉄は人気のある就職先の一つでした。良平の同期が千人以上いたということからも、会社の勢いが分かります。

胸に刻んだ大陸の風景

良平が赴任したのは、撫順《ぶじゅん》支店でした。そこには満鉄の管理下に置かれた撫順炭鉱があり、炭鉱周辺は付属地として大規模な開発が行われ、新都市が築かれていました。「満鉄第二の柱」と言われた巨大な炭鉱は、エネルギー基地であるとともに、重要な財源でもありました。

二〇歳にならんとする良平にとって、撫順が社会を学ぶ最初の場所となりました。

その頃の撫順の情景を四季ごとに回想した文章を後に良平は残しました。その中から「秋」「冬」の一部を紹介します。

　秋、撫順郊外の丘に散歩に出た。
　都会育ちの私にとって、その景色は忘れがたいものだった。景勝地でもない、ただの平凡な、普段は雑草のはびこる丘に過ぎない。その丘が秋の草花に覆い尽くされている。息をのむような美しさである。私はしばし茫然とした。

真冬の早朝、まだ寝床に横たわっているとき「シャリンシャリン」という爽やかな音が聞こえてくる。何の音だろうと、寒いのを思い切って道路沿いの窓を開けた。道路には二頭立ての馬車が野菜などを運んでいた。音の正体が分かった。二頭の馬は並列ではなく、前後に直列に並んで車を曳く。後ろの馬の鼻息が前の馬の尻尾にかかり、その尻尾の毛の一本一本が二ミリくらいの氷柱になって、それが触れ合ってシャリンシャリンと馬の歩調に合わせて鳴るのである。馬の体温で尻尾の氷が融けることはないらしい。

花崎良平「無題」

満鉄時代の良平は、上司に提出する報告書に、手書きで図表や地図を入れ込んでいました。事実を言葉だけで表現することの限界を、若い良平は自分なりの工夫を加えて解決しようとしたのです。結果、上司からは「大変分かりやすく、正確な報告書である」と評価を受けました。型にはまることが苦手だった良平にとって、このような自由が許される満鉄の日々は心地良いものでした。

日本にいた七歳年下の妹、房江《ふさえ》は、「満州」の印象を以下のように回想しています。

『満州事変を経て、日本は軍国主義の台頭に抑えが効かなくなっていました。国中に閉塞感が漂っており、それを払拭する希望の土地として、建国されたばかりの満州国が注目されていました。特に若い世代で、家の後継ぎでない男性たちは、満州に多大な期待をかけていたと思います。新聞にも煽るような見出しが載っていました』

房江は、また別の情景を記憶しています。

『兄良平が、休暇で満州から戻ってきた時、二人で名古屋の市電に乗ることがありました。何とはなしに車窓を眺めていた兄が、誰に向けて言うでもなく、ぽつんと「日本は、こんなに軒が低かったのか」とつぶやきました。私は、この言葉を聞いて、兄と自分との尺度《スケール》の違いに驚きました。一年足らず家を離れていただけの兄が、急に遠くの人に感じられたのです。そして、見たこともない満州が、途方もなく大きなものに思えました』

良平は撫順に赴任している間に、モンゴルやさらに西の地域への旅行を計画していました。色白で無口な少年は、時代の風に乗って大陸という未知の世界に向かいました。

――途半ばに終わった大陸への憧れ

四平陸軍戦車学校　衣食住に何不自由のない撫順での生活は、日中戦争と太平洋戦争の激化により二年に満たないうちに終わりを告げました。満州で陸軍に応召されたのです。

良平は後年、この時から除隊するまでを回想した文章を残しています。

一九四三（昭和一八）年一月のある朝、私は入営のため満州撫順炭鉱本社ビルを一人で出発した。窓越しに女子社員が手を振っていた。

撫順駅まで一〇分程度の道のりを私はゆっくりと歩いた。二年近く慣れ親しんだこの街も見納めかと思うと少し感傷的な気分になった。数カ月前までは盛大に駅でたくさんの人たちが万歳を三唱して見送ったものである。しかし、軍からの通達でそれが禁止になっていた。私には一人のほうが気楽で、寂しいとも思わなかった。

奉天《ほうてん》で軍の指定した列車に乗り換えて北上し、長春と奉天の中間の四平街《しへいがい》の手前、楊木林という駅に着いた。同じ部隊に入営する一二〇人ほどの若者がその小さな駅に一斉に降り立った。

花崎良平「満州」

良平が配属されたのは前線ではなく、四平《しへい》（現在の中華人民共和国〔以下、中国〕吉林省四平市）にあった「四平陸軍戦車学校」でした。ここでは戦車部隊の将校を養成する教育と実戦に向けて将兵の戦闘訓練を行っていました。まだ二二歳の良平にとっては、日々すべてが新しい経験でしたが、間もなく絵画やデザインの才能が、教官たちの目を引くようになりました。これが試験の時に有利に働き、良平は期待以上の早さで、昇進していきました。

私は、作戦図を作るとき、図面を絵とみなし、定規などの道具を一切使わず、寸法の対比などは目分量で見極めて、鉛筆一本で迅速に描いた。もちろん手で描いた直線などは定規で修正した。綺麗で上手に描かれた図は、立派な出来栄えであった。他の人は寸法ばかり気を使い、全体が歪んだような図になっていた。大胆に絵として描いたのは大成功であった。

後に連隊長から「貴官はなかなか作戦ができる」とほめられ、居並ぶ将校の中で面目をほどこしたこともあった。

まもなく少尉に任官し、官舎の独身寮に居住し、サラリーマンのようにそこから通うことになった。風呂も毎日で、たっぷりとしたお湯につかることができた。

兵舎とは天と地の違いである。

花崎良平「満州」

しかし、この生活も長く続きませんでした。一九四五（昭和二〇）年春。戦局の悪化に伴い、四平陸軍戦車学校は、本土決戦を想定し内地移転を開始します。良平も戦車輸送の責任者を命じられ、一月余りかけて釜山港から京都舞鶴港へ帰還しました。

二四連隊の将校は私一人であった。私は貨車の特製上段（貨車内に作ったベッドのようなもの）で配給されたウイスキーを飲みながら寝転んでいた。貨車は南下して朝鮮国境に向かっている。本土防衛は確からしい。

私が二年間住み慣れた楊木林を後にしたのは、楊柳《やなぎ》が芽を吹いた四月頃で、同期の者たちもそれぞれの戦地に向けて移動を完了していた。四平に残留するのはわずかな人員と、移動することが困難な傷病兵たちであった。その時の私は、彼らが数カ月後ソ連軍に連行され、長期にわたりシベリア抑留されるなど夢にも考えていなかった。

舞鶴で戦車を貨車に搭載し、初めて我々の目的地が豊橋であることが知らされた。

やがて列車が名古屋駅に着き、板と板のわずかな隙間から見た故郷は、一面の焼け野原であった。家族からの手紙で名古屋の家が空襲で焼けたことは知っていたが、これほど無残なものとは思っていなかった。

本土防衛のため戦車を移動せよと命じられた時から、薄々は分かっていたが、最新装備を持つ我々が満州を離れてしまえば、満州に残る関東軍の実態は「ぬけ殻」同然である。内地の空襲による被害も、満州で予想していた以上のものであった。

しかし、それでも私の認識は満州時代と基本的に変わりなく、「日本はすでに戦う力を失っている」とは考えなかった。一般の住民より劣る情報しか持っていなかったのである。

花崎良平「故国」

終戦、そして父の死　良平は一九四五（昭和二〇）年八月一五日の終戦を豊橋で迎えました。そして、その半月後には、父・邦太郎が病死しました。二二歳の若者が直面した国家の敗北と父親の死――。

良平の回想文からその頃の心情を垣間見ることができます。

八月一五日の朝、寄宿先の家の人が「今日お昼にラジオで重大放送があるらしい」と私に耳打ちした。その日は、初年兵の銃射撃の試験に立ち会う役目で、早朝より二川《ふたがわ》近くの河原の射撃場に出かけた。昼食を終えて休憩していると、一人の下士官が「日本は負けた。今、天皇陛下の放送があった」と興奮して私のところに飛んできた。彼は続けて「放送を聞いていたおばあさんは泣いていたよ」と言った。私は返す言葉を見つけられなかった。

私は予定通り試験を終わり、何も言わず宿舎に戻った。誰とも話したくない。虚無感か。それとも安堵感か。呆然として、その日は床に就いた。

私の父の命日は九月二日であるから、多分それは、八月末のことであった。家族の疎開先である清水から電報で「父危篤」と知らされた。私はまだ豊橋の連隊に留まって、事後処理の最中であった。とりあえず二日だけの外泊許可をもらい、豊橋駅に着いたのが午後三時。混乱の中、列車のデッキにしがみついたのが、午後八時過ぎであった。

デッキにオランダ兵と思われる兵隊がみすぼらしい服をまとって乗っていた。捕虜から解放されたのであろう。その男が煙草を出し、火を貸してくれとゼスチャーしている。私は持っていたマッチを彼に渡してやった。男はサンキュウと言ってマッチを返してきた。列車は東京行きであった。

途中何度も停車して、静岡駅に着いたのは、深夜一二時過ぎである。列車はそこで停まってしまい、翌朝六時まで動かないという。私は意を決し清水まで歩くことにした。

ただひたすら歩く夏の夜道は涼しかった。このところ見慣れてしまった戦禍の街の光景である。しかし、さすがに夜陰にまぎれつつも空襲の跡を歩き続けるのは悲痛な思いを伴う。白々と夜が明けたころ、やっと家族の待つ、疎開先の尼寺を探し当てた。境内の木立に晩夏の蝉の声が響きわたっていた。庫裡《くり》の横の部屋で父はすでに意識を失い、死を待つ床にあった。
一泊して、母や兄に後を託し豊橋に戻った。
追いかけるように「父死す」の電報が宿舎に届いた。

花崎良平「故国」

――貿易との出会い

職を転々とした時代

終戦から二カ月経った一〇月半ば、残務処理を終えて良平は豊橋を去りました。

「宿舎にしていた家の金木犀の香りが庭から漂い、奥の部屋からピアノの音が乾いた秋の空気をふるわせ伝わっていた」と、その日を描写した文章が残っています。終戦を迎えた夏から、季節はいつしか透明な秋へと変わり、平穏な日々が戻っていました。満州を去ったのが楊柳の芽吹く四月。わずか六カ月間に、戦争が終わり環境は一変していました。さらに良平には父・邦太郎の死も重なっていました。

「敗戦の混乱など全く予想できなかった。よく言えばうぶな青年だったかもしれない。社会というものが、どのようなものか分かっていなかった」と、良平は心情を書き残しています。

さて、母・まつと学生だった妹二人は、名古屋での生活を再開していました。長兄の一家は清水に残り、上の姉は名古屋の嫁ぎ先で、次姉は東京で、日常の生活を取り戻そうとしていました。

この中で、良平だけは異端でした。帰郷を心待ちにしていた母や妹たちの期待を感じつつも、良平は心から打ち込める「何か」に出会えないままでいました。選り好みをしなければどんなことでも商売になった時代でした。職を得ようとすれば、どこに行っても、良平の年齢、学歴、経験はプラスに働いたはずです。

しかし、二三歳になっていた良平は、未来を模索したままでした。

名古屋で老舗の百貨店に勤めるも、三日目には「性に合わない」と辞めてしまい、母親や、妹たちをがっかりさせたかと思うと、間もなく東京に出ていき、政府の経済安定本部という官庁の仕事に就きましたが、ここも数カ月後には、「窮屈」という理由で辞めてしまいました。自ら事業を興そうとして、静岡で山林の開拓を始めますが、詐欺の被害に遭いそうになり、これも途中で放り出してしまいました。この他、何をやっても長続きしませんでした。ついには、母のまつから、「良平はあきっぽい」という烙印を押されることになりました。

お金以外の魅力

東京で官職を辞した後しばらく、次姉・由起子の嫁ぎ先である東京都神谷町（現・虎ノ門四丁目）の生花店「花廣《はなひろ》」に居候をしていました。

徳川家菩提寺の増上寺《ぞうじょうじ》やその近隣の寺々に出入りしていた花廣は、終戦後いち早く店と自宅を建て直し、小売り以外に、寺々への供花の配達、料亭の花の活け込みを再開していました。気性が合って仲の良かった義兄・大石善四郎は、手持ち無沙汰な様子の良平を見て、余分に仕入れた花を新橋の闇市で売ろうと持ち掛けました。

この商売は二人にとって面白いほど儲かったそうですが、良平はある日突然、この仕事を辞めると言い出し、「日銭商売には魅力を感じない」とさっさと手を引いてしまいました。

この頃の良平には、商売とは「どういうものなのか」が分かっていませんでした。

当時の日本は、欧米戦勝国の占領下であり、GHQ（連合国軍総司令部）に管理されていました。しかし戦争で破綻していた経済も、徐々にではありますが、回復してきました。一九五〇（昭和二五）年に始まった朝鮮戦争は、日本経済にとって復興の起爆剤となり、この後、右肩上がりの成長が二〇年以上も続いていきます。

良平は故郷に戻り、愛知県にある工作機械の会社に勤めて二年が過ぎた一九四九（昭和二四）年に大羽洋子と結婚しました。良平は洋子を選んだ理由を「静かだったから」と言っていましたが、実際の洋子は活発で、良平に対してもはっきり意見を言う女性でした。姉二人、妹二人、それに母・まつという五人の女性たちの会話が飛び交う家庭で育った良平にとって、洋子のゆったりとした話し方は快かったのかもしれません。

この年良平は、もう一つの決意をしました。

貿易を自分の仕事と定める

長姉・うた子の夫、小川芳雄は名古屋の資産家の一人息子でした。良平とは二回り近く年齢の離れたこの義兄は、名古屋市中区大津町に朝日通商という陶磁器や雑貨を欧米に輸出する貿易会社を設立し、社長となっていました。

義兄は結婚して生活も落ち着いた良平を、自分の元に呼び寄せました。当初は義兄の申し出を固辞していた良平でしたが、暮れも押し迫った頃、ついに朝日通商への入社を決意しました。良平は二八歳になっていました。

ここで出会った貿易という仕事は、恐ろしいほど良平を夢中にさせました。商業英語を身につけたいと、仕事が終わってから英語学校に通い、会社で教えられた貿易業務を、帰宅後ノートにまとめるのを日課にしていました。

入社後間もなく、海外から届いた引き合いの手紙に返事を書き、見積もりを作成する仕事もこなせるようになりました。

自分の手紙の返事次第で商談が成立すること、また、どれほど工夫して返事を書いても、商談が頓挫するという現実も受け入れられるようになりました。商売の攻め時、見極め時を実体験から会得していったのです。

まさに水を得た魚で、生き生きとした日々でした。

いつの間にか、良平は朝日通商にとってなくてはならない存在になっていました。義兄は絶対の信頼をもって、良平を大切にしてくれました。

一九五〇（昭和二五）年にもなると、外国為替に関する法が整備され、ＧＨＱより日本政府に貿易の権限が移譲されつつありました。しかし、外貨を十分に持たない日本にとって貿易の自由化には程遠く、まだ大蔵省（現・財務省）、通産省（現・経済産業省）などの官庁の許認可を得なくては輸出のできない時代でした。

一九五五（昭和三〇）年頃からは、陶磁器を扱う旨味が減じていきました。瀬戸に陶磁器メーカーが増え、名古屋の貿易会社も乱立気味になっていました。過当競争の結果、陶磁器の単価も下がる一方で、商社も利益を削るという悪循環に陥っていました。

このため朝日通商は、陶磁器一辺倒から欧米に向けた家庭用ミシンの輸出へと主軸を移していきました。名古屋市南部には、ミシン用部品を作る大小の町工場があり、その中から家庭用ミシンを製造するメーカーが出てきたのです。

2　サカエトレーディング誕生

――香港に赴く

昭和三〇年の香港

一九五五（昭和三〇）年の前後になると、ミシンの引き合いが香港からも来るようになりました。社長の小川芳雄は、商機を捉えるべく良平に香港への出張を命じました。

戦後一〇年経って日本人の海外渡航の制限が緩和されたとはいえ、国が貧しいため持ち出せる外貨額も限られていました。新幹線もジェット機もまだありません。心理的な距離感からすれば、現在とは比較にならないほど香港は遠いところでした。中国大

1960年頃の香港啓徳空港の様子。日本人にとって海外への渡航が困難な時代だった

陸南部の一漁港にすぎなかった香港は、アヘン戦争後の南京条約により一八四二（明治二五）年にイギリスへ割譲され、植民地となりました。

良平が訪れた頃の香港は、現在の私たちがイメージするような活気あふれる街ではありませんでした。今では香港一の繁華街である彌敦道《ネイザンロード》も、良平の泊まったホテルの窓からは、白麻の中国服を着た水売りの男が佇むのが見えるだけの静かな通りでした。

香港の縫製業界　良平は時間を惜しんで、香港のミシン商たちとの商談をこなし、彼らに案内されて香港中の縫製工場を見学しました。

そして、この時良平は、香港ならではの近代化を目の当たりにしました。

香港はアメリカ向けの輸出衣料の製造で活気を帯び始めていました。ミシン商に案内されて訪れた縫製工場では、古いアメリカ製やドイツ製の工業用ミシンと家庭用ミシンを使用していましたが、どの縫製工場でも決定的に工業用ミシンの台数が不足していました。香港のミシン商たちは、朝日通商以外にも日本の商社にミシンの引き合いの手紙を送り続けていたのです。

縫製工場のオーナーやミシン商たちとの会話で、朝日通商が取り扱っている家庭用ミシンでは性能の限界があり、市場が求めているミシンには程遠いということが分かってきました。

良平は縫製工場にあったアメリカ製のロックミシンとドイツ製の工業用ミシン針に注目しました。裁断した布の縁をほつれないようにするロックミシンは、衣料品製造の効率を高めるため必須の機械でしたが、まだ市場に出回る数は限られていました。

もう一つの工業用の針とは、高速縫いのミシンに合う、折れにくい針のことです。

――会社設立

新しい輸出商品　約一カ月に及ぶ香港の出張を終えて帰国した良平は、大阪のロックミシンのメーカーとの取り引きをスタートさせました。また、香港側の求める性能のミシンができるまで、メーカーに根気強く市場の要望を伝え続けました。

ロックミシンの完成度を上げるのに手間取る中で、良平は社長である義兄に「工業用ミシン針を開発して販売したい」と申し出ますが、了解が得られませんでした。義兄には、未知の商材であるロックミシンと針に全力を投入している良平が理解できなかったのです。

香港の現場を見て刺激を受けた良平と、経営者としての義兄の歯車は、少しずつかみ合わなくなってきました。

朝日通商の従来の輸出品、陶磁器と家庭用ミシンの売り上げは、一九五五（昭和三〇）年をピークに急速に下がり始めていました。三〇歳半ばに差しかかり、専務になっていた良平は、売り上げ挽回への焦りを感じていました。

社長が了解していないにもかかわらず、針の輸出を目指して、長野県上田市の針メーカー、オルガン針社と交渉するために良平が会社を空ける日が目立ってきました。次第に感情的になる義兄との関係は、対立となって悪化していきました。「工業用ミシン針こそ朝日通商の柱となる」という自説を曲げない良平に対し、義兄は、減給、給料停止などという強硬手段に出ることもありました。そのたびに、良平の妻・洋子は、義兄の自宅に謝りに行きました。

そして、一九五八（昭和三三）年の暮れに、良平と義兄は決定的な対立をします。専務であった良平は、義兄の経営方針に異論を申し立て、改善を迫ったのです。激しい口論の末、良平は「自分が去れば、この会社は一年ももたない」という捨て台詞を吐いて会社を飛び出してしまいました。

妻・洋子の回想によれば、その日良平は深夜酔っぱらって帰宅すると、布団をかぶって寝てしまいました。二日間起きようとせず、三日目の朝「もう会社には行かない。俺は独立する」と宣言しました。

良平は、たくさんの文章を残しましたが、朝日通商時代のことを記したものがなく、義兄との対立や会社を辞める顛末は、妻・洋子が生前語ったことに基づいています。

いずれにせよ、良平は会社に戻りませんでした。そして朝日通商は、その後四年近く生き延びますが、その間に義兄は亡くなり、最後は良平が中に入って清算することになりました。

サカエトレーディングの誕生

会社を飛び出した一年後の一九五九（昭和三四）年一二月八日、良平は、念願だったオルガンブランドの工業用ミシン針と工業用ミシン、そしてその部品を輸出する商社として、サカエトレーディングを発足させました。所在地は、名古屋市中区東田町三丁目四番地（注・現在は町名変更により中区新栄二丁目一〇番一九号）、名古屋の中心地である栄からほど近い場所です。戦前からの木造二階建ての建物は、工業ミシン輸出検査組合が所有しており、良平の会社の他に数社のミシン関連の会社が入居していました。

サカエトレーディングが借りた部屋は、机二台と二人掛けの応接セットを置くといっぱいになる広さに、換気用の窓がはるか上に一つポツンとあるだけの薄暗いものでした。

師走に入り、前日降った雪がまだ道端に残っていました。少し上気した良平は、朝から「お祝い」に

会社は工業ミシン輸出検査組合の一室を借りて始まった
（人物は平田良夫氏）

訪れる人たちの応対に一人で追われていました。

一年の準備期間は、現在ではとても長いように感じますが、一九五九（昭和三四）年当時では普通のことでした。電話回線一つを得るにも数カ月の時間と相当額の費用を要しました。会社の設立登記も今ほど簡単ではありませんでした。

良平一人だけで始めたサカエトレーディングは、翌年、後に専務となる平田良夫氏を社員に迎えます（巻頭3頁）。二人は酒場で意気投合した仲でしたが、性格も仕事のやり方も全く異なっていました。それが幸いしてか、一度も大きな対立をすることなく、平田氏はサカエトレーディング一筋の人生を歩みました。

信頼に足るパートナーを得て、良平はますます香港との貿易に専念していきます。

3　花崎良平の流儀

——黄興《ウォンヒン》氏とともに香港市場をつくる

一九六〇年代の香港　良平が香港を頻繁に訪れるようになる一九六〇年代になると、中国本土の共産化に伴い香港に多数の難民が流入し、街の風景は一変しました。一〇〇万人を目処に計画されていた街は短期間のうちに人口が三倍に膨れ上がり、労働賃金の低下、治安の悪化、水不足といった深刻な問題が起こり始めました。その一方で、熟練工を要しない衣料品製造業は、安価な労働力を得ることができ、大発展を遂げます。

香港の縫製業の変遷を、良平は次のように文章に残しています。

香港の縫製業者は、一九五五（昭和三〇）年頃は、家庭用ミシンで縫製していた。工業用ミシンの修理工も少ないし、本格的に縫製工場を始めるほどの経験も知識もない。だから家庭用ミシンから始めるほかなかった。しかし、厚物、薄物など生地の種類に従ってミシンの縫調子や速度を変えねばならないから、大量生産はできないし、出来上がった製品も不揃いで満足できるものではなかった。

とはいえ、このような家庭用ミシンによる縫製が主流だったのは、わずかの年数だったと思う。やがて本格的な縫製工場が雨後の筍のように現れたのである。これは香港のように人口が多くて、狭い場所でできる産業といえば縫製業が一番適していたからである。この頃になると日本のブラザー、ジューキ、三菱などの工業用本縫いミシンも本格的に輸出されるようになり、その品質もＳＩＮＧＥＲ（著者注――米国シンガー社）などに優るとも劣らないものになっていた。その他の特殊なミシンは、アメリカから中古ミシンを大量に仕入れ、これを香港で修理してミシン屋が工場に納入した。

縫製工場で工業ミシンを使うようになっても、出来上がったすべての製品までが良くなったというわけではない。たとえば右と左のシャツの袖の色が違っているとか、とにかく日本人のように細部にわたり注意して縫製するという気風が工場側にも工員にも薄かった。間もなく海外からの苦情に対処するため製品の検査を厳重にするようになり、そのための協会もできた。それを契機に香港縫製品の評価も上がり、その低価格と自由港としての利点を生かして年々輸出額は増加していった。

花崎良平「無題」

良平が現地の状況を詳しく覚えていたのは、単に来訪者として観察するだけでなく、積極的に現地の人たちの中に飛び込み、彼らの話に耳を傾けていたからです。このような交流の中で信用を積み上げ、人脈を広げていきました。

良平は、この時代「ミシン商が軒を連ねる茘枝角《ライチーコック》通りをまっすぐ歩けなかった」と語っていました。

良平が着くと、商談をしようと店に引っ張ったり、飲茶に行こうと誘ったりと、店主たちが飛び出してきて、次々と行く手を遮ったためです。彼らは、日本製の工業用ミシンや部品を少しでも多く回してもらおうと必死だったのです。

黄興氏との出会い

良平は香港のミシン商のリーダー格の会社であった黄保華《ウォンポワ》針車社をはじめ、有力なミシン商たちと取り引きを開始していましたが、その中で民興《マンヒン》針車社の店主・黄興《ウォンヒン》氏と急速に親交を深めていきました（巻頭4頁）。彼は常に良平の予想を上回る針数を注文し、創業わずかのサカエトレーディングにとって最大の客先になっていました。

黄氏は中国広東省に生まれ、幼い頃一家で香港にやってきました。貧しい生活のために小学校にも満足に通うこともありませんでしたが、一五歳になった頃には、当時香港で一番のミシン商であった冠星《クンシン》針車社で、工業用ミシンの修理責任者として「香港一のミシン修理人」と言われていました。良平が最初に出会った一九五五（昭和三〇）年には、独立し

新装の民興針車社。花崎良平（右から2人目）は、民興針車社の黄興氏（写真中央）と急速に親交を深めていった

てミシン商の集っている茘枝角通り《ライチーコック》に民興針車社を構えていました。

「一本のネジであっても、それがどのブランドの、どのモデル、どこに使われているか、一目見ればすぐ分かる」と誇らしげに良平に語るほど、自分の技量に自信を持っていました。

また黄氏の生真面目さを縫製工場の主人たちは高く評価していました。そのうちの一人から良平はこんな話を聞かされました。

朝の一〇時頃、黄さんが、新しいミシンの売り込みに来たが、ちょうど会議が始まる前だったので、「一時間ほど待っていれば、戻ってくる」と言って席を立った。しかし、すっかり彼のことを忘れて、午後二時頃、昼食を済ませて自分の席に戻ったところ、なんと彼は食事もせずにそこで待っていた。

そんな黄氏は、良平と顔を合わせるたびに、真剣に語りかけました。

「ミシン針の販売を独占したい。香港一のミシンディーラーになったら、その地位は誰にも渡さない」

こうした黄氏の強い意志と発言を受け止めながらも、良平は中庸を取ろうとしていました。何事も行きすぎず一歩引いて物事を見る生き方は変わっていませんでした。

朝九時前に店を開け、夜九時過ぎに店を閉めるまで働き続け、土曜も日曜も休まないという黄氏に対して良平は、「店は朝九時から夕方六時まで開くこととし、日曜日は必ず休日として店を閉める。そうすれば民興は必ず香港一のミシン商になる」と言いました。

黄氏が、この良平の意見を取り入れることはなかったようですが、ともかく二人は、商売を超えて率直に意見を語り合う間柄になっていきました。友人というよりは、戦友のような間柄といった方が正しいかもしれません。それは偶然同い年であったこともさることながら、自社を立ち上げて独立するにあたって、良平が経験した義兄との確執と同じようなことを、黄氏もまた旧雇い主の冠星針車社との間で経験したからです。

良平は、黄興氏という良きビジネス・パートナーを得て、香港に基盤を築いていきます。

黄興氏の死　その黄氏死去の報が届いたのは、一九六二（昭和三七）年の初夏のことでした。サカエトレーディング設立からわずか二年と半年後のことです。

黄氏はこの年の初めの頃から体調が優れず、中国医の処方する漢方薬を服用していました。日本では西洋医学が当たり前の時代でしたが、香港では、まだ中国医が庶民の間で支持されていました。良平は黄氏に会うたびに、一刻も早く西洋医の診断を受けるように勧めていました。しかし、やっと西洋医の病院に入院した黄氏は、意識の戻らぬまま二日後に亡くなりました。病名も死因も明らかにはされなかったそうです。まだ四〇歳にも満たない死でした。

黄氏と良平が出会わなければ、今のサカエトレーディングは存在しなかったかもしれません。その短すぎる生涯を良平は深く悼みました。

黄氏の亡き後　サカエトレーディングはこれで終わりかもしれない――という周囲の懸念をよそに、良平は香港での商売をさらに拡張していきました。

民興針車社は、黄氏の妻・丘氏が跡を継ぎました。

良平は、民興との取り引きも継続しますが、最大手の黄保華針車社、新興勢力の合昌《ホプチョン》針車社を加えて「オルガン三社」と称し、三社総代理店制を敷きました。その下にサブ代理店を各数社つけて、販売体制を組織化しました。サカエトレーディングは、この三社に同価格で針を販売することによって、香港内での価格競争を回避しようとしたのです。

この仕切りの「素早さと徹底」により、良平は香港ミシン商の間で絶対の信頼を勝ち得ました。三社体制は、オルガン針の売り上げを倍増させる勢いでした。それに付随して、ミシンの釜、ボビン、ボビンケースなどの付属品の輸出も増えていきました。貿易商としてのサカエトレーディングの名前は、香港経由で東南アジア諸国――シンガポール、マレーシア、タイ、インドネシア等――に広まっていきました。

良平は香港で自社の拠点を持つことを真剣に考え始め、一九六七（昭和四二）年の初旬、香港島の荘士敦道《ジョンストンロード》に事務所用フラット（事務室兼倉庫）を購入しました。

良平は、その時の様子を文章に残しています。

香港滞在中の日曜日の朝、ホテルで遅い朝食をとっていると、新聞に新築ビルのフラットの販売広告が載っていた。近い場所なので、あとで散歩がてら歩いて見に行こうと思った。何しろ、今般は出張だけでは仕事がこなせない。香港にも会社が必要だと思っていたところだったので、興味があったのだと思う。

いい部屋だった。三室あり、眺めも良く、倉庫に一室は利用できる。場所も申し分ない。販売員は熱心に勧めるし、金額も悪くない。しかし、外国人の自分には、手持ち資金がない。手続きはイギリス流に弁護士を入れて行うから心配はないとしきりに勧めるが、ともかく彼に礼を言ってその場を去った。

翌日、黄保華の黄氏に昨日の話をすると、今から一緒に見に行こうと言う。そして、部屋を見るなり「資金は貸すから、すぐに購入すべきだ」と言い出した。結局、彼から金を借りて、香港滞在中に不動産を購入することになった。

帰国してすぐ、大蔵省に外国送金の申請をしたが、許可を得るのに一カ月以上かかってしまった。

花崎良平「香港のディーラーたち」

サカエトレーディングは、まずこのフラットで駐在員事務所を開設しました。良平は出張ベースで一年の三分の一近くを香港と東南アジアで過ごすようになりました。六年後には、香港島の中でも有数の商業地の湾仔《ワンチャイ》にフラットを購入して、駐在員事務所をサカエ貿易有限公司という支店に昇格させ、日本からの商品はいったん、サカエ貿易に販売して、サカエ貿易が香港のミシン商に販売するという態勢を整えました。

——人のやらないことをやる

サカエトレーディングの「勇気」と「情熱」　良平が思い描く商社とは、勇気、情熱、信用を武器にして、売る人と買う人、そして中間に立つ自分たち、すなわち、これら三者すべてが、さまざまな形の利益を得る仕組み――現代で言うＷｉｎ－Ｗｉｎの関係――を考え出し、実践・構築する組織のことでした。

当時まだ日本のビジネスマンが少なかった香港に単独で足を踏み入れ、まるで探検でもするかのように、人々の中に飛び込みビジネスの拠点を構築していきました。

大手商社のように、バックに政府がついているわけでも、先人たちが築いてきたネットワークがあるわけでもありません。さらには日本人自体が海外にほとんどいないこの時代に良平が成したことは驚くばかりです。

「他の人が行かない場所」へ飛び込む「勇気」がなければ、中小の商社は生き残れません。そして、そこに行きつくまでには並外れた「情熱」が必要です。

勇気と情熱を支える「信用」

一瞬きらめいて、すぐに消えてしまうような情熱では、商売は成立しません。情熱は持続させなければならないのです。そして、情熱の持続には、取引先、周囲の人々から支持され「信用」されることが絶対条件になります。

この点について、良平の考えは明確でした。信用を得るために、一つ一つの仕事を丁寧にこなしながら、実績を積み重ねていきました。

――晩年まで衰えなかった商売への情熱

後述しますが、サカエトレーディングはその後、幾多の困難に遭遇します。しかし良平が創業時から大切にしてきた商売に対する情熱は、晩年になっても衰えませんでした。良平が晩年に書き記したレポートが残っています。

この時、六五歳に手が届こうという年齢でしたが、老いなど微塵も感じさせません。このレポートをもとに、彼の情熱の一端に触れておきたいと思います。

「我々」と「一体」

良平が香港で日本製の針やミシンの商売を確立しようとしていた頃、専務であった平田氏は三重県桑名市近辺で製造された鋳物製のガスコンロをサウジアラビアとその近隣国に輸出していました。しかし、一九八五（昭和六〇）年末になると人手不足により日本での製造が難しくなり、海外で製造した鋳物製品を日本国内での販売のために輸入できないかという相談が、桑名の大栄産業という会社から寄せられました。

そこで良平は、タイ国籍の華僑《かきょう》シリブーン氏の紹介で、タイ国に鋳物工場を作り、日本向けに輸出する仕組みづくりに取り組むことになりました。その経緯が書かれているのが、以下の『タイ国に於ける鋳物ガスバーナー製造の現状』と題されたレポートです。随所に良平の商売、そして商社に対する考えや姿勢を垣間見ることができます。

たとえば「まえがき」で、

ここで我々というのは大栄産業株式会社を含む我々の意味である。我々は今一体となって仕事に取り組んでいるのである。これまで我々は頻繁にタイ国に出張してきたが、常に同一人が出張するわけではないので、そこに一貫した思考が欠けている感があった。ここ

サカエトレーディングが輸出していた鋳物製ガスコンロ。
タイの工場で同様の製品を作ろうと試みた

に総括的にこれまでの経緯を述べ、今後の方針などを決める一助にしたい。

（同レポートより抜粋）

良平にとっては、自分たち商社とお客様とは一蓮托生の「我々」であり、「一体となって仕事に取り組む」ことを意味しています。

次章でさらに詳しく述べますが、良平は取引先に対して、まさに「一体」となることを自分に課し、「すべての情報をオープンにする」という仕事のスタイルを貫きました。それが信用を獲得するための武器でした。

思い付きを形にする

さて、このレポートには、この商売の始まったきっかけも述べられています。

我々がシリブーン氏に名古屋でガスバーナーの話をしたのは一九八六（昭和六一）年の春である。話題もないので思い付きで話をしたのだ。シリブーン氏はタイへ帰国後ターボン（著者注――タイの鋳造業者）の製品を我々に紹介し、それからその年の七月にバンコクを我々が訪問し、それ以来急速に商売は進展したのである。シリブーン氏自身これほどこの商売が急速に進展するとは想定しておらず、恐らく初めは半信半疑であったと思う。我々の注文が継続的で長期的なものであることを知って、うまく行けば主力取扱商品の一つになるかもしれないと彼は考えたらしい。

（同レポートより抜粋）

後付けの理屈で格好をつけるのではなく、素直に「思い付き」だと述べているのは良平らしいところです。そして「思い付き」が人を介して現実性を帯びてくると、戦略を練り、即座に実行へ移すのも良平らしいやり方です。

商社の仕事というのは、このように偶然進んでいくことが多いように思います。だからこそ、現地に赴き、人に会うことが重要なのです。

二つの「我々」

しかし、レポートによると、この仕事は順調には進まなかったようです。

（シリブーン氏は）我々と一緒にバンコクのいろいろな鋳物工場を訪問する間に、自分が鋳物工場を持ってもいいのではないかと考えた。そこで技術的には未熟であるが労働賃金の安いウドン（著者注――タイの地名）工場を合弁企業としてやってみようと考えた。彼は製造業の思考より単に商売人の勘で合弁企業を考えたのだ。そこで彼はタイに住むベトナム人のダオルン氏に自分の目論見を話した。ダオルン氏は金を持っており、それにシリブーン氏には恩義を感じているので、合弁企業案にすぐ賛成したと思う。この合弁の話はシリブーン氏とダオルン氏とウドン工場主の三者で急速になされた。

　ところが新会社登記中だと思いこんでいた六月、工場主が夫婦別れをして行方不明となった。我々はこの事態に驚いた。唯一の技術を知っている男がいなくなって、どうしてこれから新会社をやって行くのだ。シリブーン氏はこういう面を軽く考えている。工場はダオルン氏の奥さんが会計をやっているようなものだが、要するに金銭出納簿だけの会計で経費も資産も資材購入費も売上代金もみんな一緒にしたもので、我々には理解し難いものである。

もし我々が正式に出資をしたとしたら、利益に対する配当を要求するし、決算書類も見るであろう。そうした場合、こんな経理組織では我々には理解できないし、たとえ決算書類があっても信用できないような気がする。

これはダオルン氏が不正直だというのではない。彼は真面目な男だ。ごまかしはしないだろう。しかしタイでは税務署はごまかすもの、正直な書類など誰も提出しないと思う。我々が投資に対し消極的態度になるのはこの辺にも理由がある。

（同レポートより抜粋）

レポートではこの他にも株主が最大の買い手にな

タイのウドンの鋳物工場。花崎良平は頻繁にタイを訪れ、取引先・お客様と一体となって事業を進めることを目指した

る際にどのように値付けをするのか、タイ国の法律制度の問題等を的確に指摘しています。しかし、瑕疵《かし》を列挙した後に、以下のようにこの項を締めくくっています。

ダオルン氏も器はできたが中身がともなっていないことをよく認識している。N氏（著者注――日本の大栄産業の技術者）に技術指導をしてほしいと彼が切に希望する気持ちはよく分かる。ここまで彼がやった彼の情熱を我々は大いにかうべきである。我々もこの会社を我々自身の工場と考えてこれから支援して行かなければならないと思う。

（同レポートより抜粋）

良平は、大栄産業を指して、「我々は今」と表現しましたが、今度はタイ国の新会社を指して、「我々自身の工場と考える」と述べています。

この一見矛盾している二つの言葉――。

しかし、ここにこそ良平の「商売の形」があるように思います。それを形作ろうとする原動力こそが、良平の商売への情熱だったのです。

花崎良平の「我々」　良平が多く信頼を勝ち得たのは、良平の商売にこの「形」が貫かれていたからでしょう。

良平は大変リベラルな考えの持ち主でした。驚くほど偏見がなく、周囲からは危険と見なされたり怪しいと思われたりする人物でも「我々」に取り込んでしまうような、オープンかつ、自信にあふれた性格でした。

こうした商売哲学、行動原理、性格が、彼の商社マンとしての人生を導き、多くの人々を引き寄せました。

創業者 花崎良平小史

第二章 絶頂期の光と影

［一九五九年――一九七九年］

1　西へ

――代理店方式による発展

総合商社の死角　日本の総合商社は、鉄鋼や石油等の原材料を輸入し、国内メーカーに加工させ、完成した製品を輸出するという、まさに日本の物流の入口と出口を押さえる組織です。戦後の「重化学工業を中心にした加工貿易による外貨獲得」を遂行する組織として活躍し、敗戦後二三年という短い期間で日本をＧＮＰ世界第二位に押し上げた功労者でもあります。

一方で、総合商社にはデメリットもありました。

合併吸収を繰り返し、商社が巨大企業となった結果、系列以外の中小メーカーが生み出したビジネスの芽に気づかず、海外における新しい市場の開拓に、人的、資金的な力を注ぐことが難しくなっていったのです。

中小メーカーの海外進出を助ける

ここにこそサカエトレーディングが活躍する場がありました。

香港の縫製工場で「折れにくい針」の需要を知った良平が、長野のオルガン針を探し当てたように、新潟の東和製作所のボビンケースと、大阪の広瀬製作所のミシン釜を海外市場に売り込みました。この他にも、数社の工業用ミシンメーカーの特殊ミシンも手掛けていきます。

海外に通用する技術力や開発力はあるものの、どのように海外進出していいのか分からない中小のメーカーが、サカエトレーディングの噂を聞きつけて、自分たちの商品を海外で売ってほしいと相談にやってくることもありました。良平はそうしたメーカーとも真剣に向き合い、アドバイスをしました。

オルガン針の代理店として香港市場を切り拓いた

サカエトレーディングは、彼らの「代理店」として活動しました。しかしながら、書面で代理店契約を取り交わすということには積極的ではありませんでした。日本の商習慣では契約書で相互を縛るのを良しとしなかったのと、成果がすべてであり、契約書に勝ると考えていたからです。

海外の取引先

香港以外の地域へ　香港のミシン商との取り引きを重ねていくうちに、彼らの華僑ネットワークにサカエトレーディングの名前が出るようになり、タイ、シンガポール、マレーシア、インドネシア諸国のミシン商と取り引きが始まりました。

良平の残した文章に、初めてタイとマレーシアへ出張した時の思い出を書いたものがあります。

タイの客先はすべて中国系のタイ人であった。彼らは機械の間に大量の部品を詰め込んで輸入していた。インボイスは勝手に書き換えられていたのだと思う。もちろん税関で発見されれば大変なことだが、そこは賄賂でうまくやっているらしい。それがタイでは普通で、当時は正直に申告する方が珍しいとのことであった。

私がバンコクに向けて香港を出発した時、当時はまだ七〇人乗りくらいのプロペラ機で、乗客の大半はアメリカ人の観光客だった。「ベトナムのダナン空港を只今通過中です」という機内アナウンスがあると、アメリカ人たちは一斉に窓際に躰を寄せて眼下の景色を見つめた。当時この付近は激しい戦闘の最中であった。

バンコクを初めて訪問した日の翌日の朝、ホテルの食堂の雰囲気は少し異常であった。どのテーブルでも何か声を潜めて話し合っている。トロカデロホテルという、古いが格式のあるホテルで宿泊客は欧米人が大部分であったが、ホテルの運転手までみんな食い入るように新聞を読んでいる。私は何か重大な事件があったことを直感した。

はたして英字新聞は、米国大統領ケネディが暗殺されたことを報じていた。一九六三年一一月二三日。バンコクでは二四日であった。

私がマレー半島のペナンとシンガポールを初めて訪問したのは、このバンコクの訪問の後であった。

花崎良平「初めてのバンコク」

一方、ガス器具の市場は中近東全般に広がっていきました。留守居役に徹した平田氏を日本に残し、良平はシルクロードを行き交う隊商のように、これらの地域へ出かけて行きました。

私とシルクロードの旅へ出かけた翌年の一九七七（昭和五二）年、今度は良平一人で、二月一六日に日本を出発し、インド－イラン－クエート－サウジアラビア－パキスタン－タイ－マレーシア－シンガポールを巡り、一カ月後に帰国しました。

この時の出張を記録した文章の中から、イラン、サウジアラビア、パキスタンの三国について書かれたものの一部分を紹介します。

イランのカシェイ君　彼がどうして鋳物ガスバーナー（著者注――コンロのこと）に興味を持ったのかは、分からない。テレビで宣伝して大々的に販売したいと言う。

日本から送った見本のバーナーは検査のため、テヘランのスタンダードオフィス（検査事務所）にあるという。そこに行く前に彼の親族の家に立ち寄った。五分ほどして晴れやかな顔で戻ってきた。「アラーの神に検査に合格しますように」とお祈りしたとのことだ。

検査を終えたカシェイ君は気の毒なくらい落胆していた。彼はこの検査に全てを賭けていたのだ。私から見ても、検査官は合格させないためにケチをつけているとしか思えなかった。

再び彼の親族の家に赴いた。長い間彼らは、時には声を潜めながら話し合っていた。私には皆目分からない。後で聞いたら、役人である検査官にどのようにして賄賂を渡すか相談していたという。テヘランに四泊したが、何の成果も生まれなかった。彼が誠実で働き者であることを改めて認識しただけだった。パーレビ国王の余りに急速な西欧化は、二年後にホメイニ氏のイラン革命を招く結果となった。以来彼から一切の通信はない。

人に助けられ、人を助けるという場面が旅にはつきものです。良平はサウジアラビア行きの飛行機で、偶然同乗した日本企業のリヤド駐在員と出会います。この人は、良平の一人旅に感動し、かつ同情して、何くれとなく親切にしてくれました。

この人の紹介で雇った通訳のサミル君は、日本に留学中の身で、この時は一時帰国していた青年でした。彼は非常に要領よく、良平を取引先に案内し、良好な関係を保つよう努力してくれました。

当時は、鋳物ガスバーナーの日本からの輸出は最盛期で、サカエトレーディングは最有力な輸出商社でした。今回良平の出張の目的は、地盤をさらに強化することにありました。

サウジアラビア　予定していたリヤドでの仕事を全部やり終えた。七時頃ホテルに戻ったが、いささか疲れた。サミル君に通訳料を支払って別れる。八時頃、バクシャワン氏（お客様）が三人連れでやって来て、別のホテルにあるフランス料理レストランへ招待してくれた。

翌二七日、朝四時起床。五時に空港に行く。早朝の気温は五度ほどでかなりの寒さに感ずる。日中の気温は二五度くらいなので、二〇度の気温差があるわけである。サウジの砂漠では一日に春夏秋冬が味わえるというのは本当である。

砂漠の上空を飛んで一時間ほどでリヤドからダーランに着き、ここから国際線でカラチまで飛ぶ。乗り継ぎが予定通りできた。この国では、まず奇跡に近いことらしい。

ラホールのイナム君　　パキスタン第一の都会カラチから、国内線に乗り換えてラホールへ直行する。リヤドから丸一日掛かりである。街路も綺麗で特に並木の緑が街路灯に映えて久しぶりの緑に心休まるものがあった。

いつもの東南アジアと違い、特にサウジアラビアでは神経を使った。パキスタンも初めてだが、イナム君とは日本で会っているので気楽である。朝一一時頃からイナム君の三カ所の店を見て回る。家庭用電気製品、ガス器具などの店舗であった。彼は、我々からガス器具の内部部品を買い、ガスコンロを製造販売している。

夜の戸外は寒い。夕食後イナム君はカーペットを買って私に贈ってくれた。辞退してもどうしても受け取れと言う。一・八メートル×一メートルの大きさだから手荷物にするとしても大変だ。三月二日夜ラホールを発って深夜カラチからバンコクに飛ぶことにしている。この日の朝一一時過ぎにイナム君がホテルに来た。私がチェックアウトしようとしていると、彼がホテル代を支払うと言って、どうしても私に払わせない。昨夜のカーペットといい、再び彼の好意に甘えることになってしまった。名古屋では食事を接待しただけで何もしていないのに、この厚遇はどうしたことだ。トルコなどでもそうだが、モスレムには遊牧民の血が流れているからだろうか。

「憧れ」への旅　本書の「まえがき」で触れたシルクロードへの旅は、ちょうどこの前年の一九七六（昭和五一）年夏のことでした。

行く手を遮るような土色の砂塵に悩まされ続け、やっと辿り着いた村では羊の大集団に囲まれて、しばらくの間身動きが取れませんでした。ただカイセリという名の村にある小さな岩山の麓に痩せたブドウ畑を見つけ、そこにはかつて泉が湧き、オアシスとして栄えていたことを知らされました。

夕陽が砂漠のかなたに沈むのを眺めながら、良平はもしかしたら、香港から始まったユーラシア大陸での商いをさらに西へ、もっと遠くへという構想を描いていたのかもしれません。

──信用を勝ち取るために

貿易とは何かを伝える　良平は、取引メーカーのために海外の客先との交渉を一手にこなしました。メーカーの社員たちを教育して、貿易のノウハウを伝えました。さらに、輸出先について、仲介者が海外にいる場合は、その人物についても説明しました。自分の足で調べた市場の特徴や、展示会開催の方法や段取りなども一つ一つ丁寧に教えていきました。

隠しごとをしないことが、商売の基本である「信用」を得るための一番の方法であると考えていたからです。香港でミシン商との間に多くの絆を作り上げたやり方を、日本国内でも実践していたと言えます。

信用を伝統に変える

「信用」を大切にするために取り組んできたことがもう一つあります。部品を輸出する際には、たとえボビンケースのように小さな物でも、社内できちんと検品した後でなければ、出荷しませんでした。

大変面倒な作業ですが、たとえ一ケースに一つだけ不良品が交ざっていたとしても、それが信用に関わるのだと言っていました。ひとたび海外に出してしまえば、不良品であるかどうかの真偽確認は、非常に困難なことになります。この検品作業はサカエトレーディングの伝統になって、今も続いています。

2　中小商社の生き残り戦略

――サカエトレーディングの歩み

売り上げを伸ばし続ける　創業以来、高度経済成長期の波に乗って、サカエトレーディングは売り上げと利益を順調に伸ばしていきました。良平の縫製関連の機械部品も平田氏が担当したガス器具もともに成長していきました。

設立一年目、一九六〇（昭和三五）年の決算で約二九〇〇万円だった売上は、一九六四（昭和三九）年に一億円を超えました。さらに香港に事務所を購入した一九六七（昭和四二）年には約二億五千万円となり、一九六九（昭和四四）年には三億円を超えていました。

ニクソンショックの時　一九七一（昭和四六）年の八月一五日、アメリカのニクソン大統領は、金とドルの交換を停止すると突然発表しました。この瞬間に、金に裏打ちされていた通貨制度が崩れました。日本円は固定相場一ドル三六〇円の恩恵を失い、日本円もまた他国の通貨と同じく変動相場制に移行していきます。

当時のサカエトレーディングは良平の東南アジアへの工業用の針・ミシン・部品の売り上げが八割、平田氏の中近東へのガス器具の売り上げが二割という状況で、すべてが輸出の商売でした。

東南アジア貿易は日本円で価格を提示していたおかげで、円高でも受け取る日本円の金額は減少しませんでした。しかし、海外のお客様にとっては、余分に資金を持ち出さないと決済ができない事態であり、円高分の値引きを要求されました。これに対し、日本のメーカーと商社は自社の利益を削って対応する以外に方法がありませんでした。

一方、平田氏が受け持っていた中近東向けのガス器具の価格は米ドル建てであったため、受け取る円貨が自動的に目減りしているという形での打撃を被りました。平田氏は後にこの頃のことを次のように語っています。

『僕は、輸出貿易はもうだめだ。花崎社長の縫製関係の輸出もだめだと思った。

通貨が円高ドル安という相場制に移行して間もない九月半ばころ、花崎社長と真剣に夜中まで話し合いました。なにせ僕が入社してからというもの、社長は香港や東南アジアの出張で会社にいない。たまに顔を合わせても、すぐ「飲もう」ということになり、アルコールが入ってしまうため、これほど真剣に話し合ったことは入社以来初めてでした。

この日は、商売の行方や自分たちの動き方を徹底的に話し合い、こんな嵐の中でも、「自分たちは商売を継続できる」という結論に達しました』

自社ビル建設

サカエトレーディングは、創業以来ミシン輸出検査組合の建物に入っていましたが、そろそろ老朽化が目立ち始めた一九七二（昭和四七）年、組合から「土地を購入しないか」という申し出がありました。創業時は、ごく狭い部屋でしたが、この頃には、一階の部屋はすべてサカエトレーディングが借りているという状態でした。

取り引きのあった三井銀行は「喜んで資金を貸す」と申し出てくれました。また、噂を聞きつけた隣の化粧品店の店主は「田舎に帰るので土地を買ってほしい」と言ってきました。

二つの土地を合わせれば約百坪（三百三〇平米）になり、国道（通称・飯田街道）に面した南向きの土地です。老朽化した建物は早晩建て直す必要はありますが、ニクソンショックも乗り越えて業績を伸ばしているサカエトレーディングにとっては、またとない話だったと思います。

香港では呆気ないほど簡単に不動産を購入したにもかかわらず、良平は今回、「考えさせてほしい」と言って返事を保留にしてしまいました。この時の心境は想像するのみですが、「世間の常識と自分の価値観の間」で葛藤していたのではないかと思います。「経営者であれば、商売で儲けて自分の土地に自社ビルを建てる」という常識と「自社ビルが足枷になりそうだ。自由に仕事に飛び回りたい」という本音です。

結果を言えば、周囲に説得される形で良平は土地の購入を決意しました。列島改造論が世に出て地価が高騰する直前のことであり、良平はまたしても強運でした。

続けて一九七四（昭和四九）年春、サカエトレーディングの本社ビルが完成しました（巻頭5頁）。

――新しい立ち位置

日本を取り巻く情勢

本社ビル建設中の一九七三（昭和四八）年秋に起きた第一次石油ショックに端を発する急激なインフレは、各メーカーの製造コストを跳ね上げました。

国内はどの業界も不況に突入しましたが、特に、戦後の経済を引っ張ってきた繊維業界は、過去の過剰生産や消費減退のあおりを受け「構造不況」と呼ばれる長期の低迷状態に陥っていました。関連のある縫製工場も、ミシンやアパレル関連の機械、針や部品のメーカーも深刻な影響を被りました。

パワーバランスの崩れ

良平が本社ビルを建てた翌年の一九七五（昭和五〇）年春、香港の工業用ミシンメーカーから「円高を切り抜けるために、商社に手を引いてほしい。香港の客先には今後自分が直接販売する」と、取引形態の変更の申し出がありました。簡単に言えば、商社のマージン分を自分たちで取り込むというにすぎませんでした。長年保ってきたメーカーと商社のバランスが、円高という外的要因で崩れる典型的な例でした。

良平は、意気込んで乗り込んできたこのミシンメーカーが拍子抜けするほど「わずかの金銭的補償」と「ごく短い猶予期間を与えるように」という交渉をしただけで彼らと距離を置いてしまいました。

「荒野に道を作り、水を引き、畑を開き、タネを撒いた」のはサカエトレーディングという商社です。「収穫を分かち合う権利」をないものとし、「収穫は自分たちのみで行いたい」というメーカーの申し出は、本来であれば身勝手なものです。

しかし、欲望の絡んだ商売や争い事からは何も生まれないことを良平は知っていました。さっと距離を置くことが、良平流の身の処し方でした。

用済みだと思われた代理店

良平が開拓した香港、東南アジアの市場では、すでに商品の流れが出来上がっていました。メーカーは、自社に貿易部を設立し、流れにうまく乗せれば仕事は回っていきます。

正式な契約書を作成していれば、メーカーは商社を簡単に切り捨てることはなかったかといえば、そうとは言い切れないと思います。良平が考えていたように「成果がすべてであり、契約書に勝る」のです。契約書に明記された数値目標が達成されたとしても、期日が来れば見直しがされます。次の数値目標が双方食い違えば、契約は成立しません。

たとえ期日が無期限となっていても、どちらかが異論を唱えれば、契約を終わらせることは可能です。商社とメーカーの間の契約書には商社を全面的に擁護するだけの力がないことも良平には分かっていたのだと思います。

さまざまな縁の切り方　オルガン針社は、香港における良平の努力と業績を最大限評価したメーカーでした。時間をかけ、良平の面子を保ちながらサカエトレーディングから商売の実態を自社に取り込んでいきました。

オルガン香港を設立して直接輸出するという方針を打ち出す一方で、良平をオルガン香港の株主に迎え入れました。さらに良平が決めた香港総代理店三社を温存し、この三社分への輸出はサカエトレーディングが行うこととしました。サブ代理店も従前通りでした。ただし、価格の決定権と香港での営業権はすべてオルガン香港が持ちました。

この方法はオルガン・シンガポールという現地法人を設立した時も同じでした。良平はこの会社の株主となり、シンガポールと周辺諸国の市場を譲り渡しました。

3　東南アジアの縫製業を支えた日本の機械

――新しい出会い

新興の機械メーカー　去る者もありましたが、引き寄せられるように新たにサカエトレーディングを訪れる者もありました。

針・ミシンメーカーの直貿化の一方で、東南アジアにでき始めた縫製工場に向けて「自社の機械を販売したい」というアパレル機械のメーカーが、自社製品を売り込みに来ていました。その中からサカエトレーディングは、次の三社に力を注いでいきました。一九七〇（昭和四五）年前後から取り引きが始まります。

ケーエム裁断機　何枚も重ねて数センチ厚にした布を一気に切ることができるのが裁断機です。鎌倉市にあったケーエム裁断機は日本に一社しかないメーカーでした。大量生産の上に、布の素材が多岐にわたるようになり、力があるだけでなく、マルチに対応できる精度の高い裁断機が東南アジアでは必要とされていました。

シンコー工業　　社長が岐阜市で元々縫製工場を経営していて、作業効率アップのために考え出した芯地接着機を製造していました。従来は、アイロンで布と不織布を一点一点接着していましたが、あまりに効率が悪いので、大量生産用に耐熱ベルトの上で接着し、そのまま搬送するという工夫を凝らした機械でした。

東海工業ミシン（タジマ工業）　　ミシン刺繍機を製造する会社です。このミシンは同じ柄を同時に、たくさん刺繍できるという優れた機械でした。

良平はいずれの機械も、サカエトレーディングの支店があった香港に輸出第一号機を出荷します。ドイツ、イギリス、アメリカ製の機械がすでに市場に入っていましたが、故障も多く、日本製の機械は安価な上に納期も早く、性能も良いということで、まさに、「時流に合った」製品でした。

――販売を後押ししたブーム

ブランドブーム

普通のポロシャツに、ブランドのワンポイントの刺繍を施すと、いきなり付加価値の高い商品に変わるというマジックが起きました。日本はもとより世界中の人が、ブランドが一目で分かる製品を求め始めました。現在では、スポーツウェアが顕著です。ナイキ、アディダス等のロゴマークがあることが、一種のステータスです。

この頃はアーノルドパーマーの傘の刺繍から始まり、ラコステのワニの刺繍、ラルフローレンのポロの刺繍等々。同じデザインの刺繍が短時間でたくさん作れる刺繍機なしには、このブームは考えられません。

さらにジーンズという何の変哲もない普段着にカラフルな刺繍を施してファッション性の高い製品をフランスやイタリアのデザイナーが発表すると、世界中で流行するようになりました。

市場に求められる機械を扱う

このように、刺繍機は市場が求めていた機械でした。

大量生産と均一の仕上がりを要求される縫製工場は、円高や繊維不況に全く関係なく、驚くような勢いでこれらの機械を買い求めました。現地代理店から次々と届く注文書に、良平はサカエトレーディングの支店に在庫を置いて販売することにしました。名古屋の本社は、名古屋港から輸出する機械の書類作成に追われる日々でした。オルガン針社や工業用ミシンメーカーの売り上げの減少を埋めても、余りあるものでした。

花崎絹子小史

第三章

外の敵、内の敵

［一九八〇年――一九九九年］

1　後継者としての第一歩

――サカエトレーディングと花崎絹子

毎日変化する仕事がしたい

私は、花崎良平と洋子の一人娘でしたが、両親とも私を後継者にしようとは考えていなかったと思います。私も会社を継ぐ気はなく、大学を卒業後、公立の学校で教職に就きました。

社会に出て働きだして一年もすると、生意気にも「このまま毎年同じことを繰り返しながら年を取っていくのはつまらないな」と思い始めました。

一方、この頃の父の様子を眺めていると、毎日素晴らしい活気を感じました。特に刺繍機を東南アジアに輸出する仕事が最盛期に差しかかる頃で、サカエトレーディングの社員だけではなく、取引先の人までを自宅に招いて話し合っていました。私にはよく分からない海外の為替や、国際情勢の話などを聞いていると、そのうち、貿易の仕事の方が自分に合っていると思い込むようになりました。いずれの仕事も、私には表面しか見えていなかったのです。社会の仕組みも何も分かっていなかったのです。

自分のやりたいことを見つけようと、せっかく就いた職は四年で辞めてしまいました。とりあえずサカエトレーディングに籍を置かせてもらいましたが、「半年か一年後には海外に勉強に行きたい」という漠然とした希望を抱いていました。

よく考えると、サカエトレーディングと私は幼い時から今に至るまで不離一体でした。

無意識に思っていた会社のこと

父の古い友人の謝来興《しゃらいこう》氏の記憶によれば、五歳の私は、将来いろいろ勉強して父の手助けをしたいと言っていたそうです。実際には、その年齢で明確に自分の意志を持つことも、表現することも難しいので、周りの大人たちの話しかけに頷いていただけのことと思いますが、いずれにせよ自分に課せられた何かを感じていたのかもしれません。

成長して本書の「まえがき」で述べたイランからイタリアへの旅行で父と共有した空気感は、サカエトレーディングという会社の存在そのものでした。貿易に関心を抱き、父の仕事と会社を強く意識するきっかけでもありました。

――平田良夫氏のもとで学んだこと

この頃のサカエトレーディング　当時の本社ビルは、一階に受付とアパレル機械（ミシンを含む、縫製業で使用される機械全般）とその部品を取り扱う部門、二階に平田氏が取り仕切るガス器具を取り扱う部門に分かれていました。

一九八〇（昭和五五）年を例に取ると、アパレル機械・部品の売上高は、会社の売り上げの九五％以上を占め、一期で三億円以上の利益を上げていました。刺繍機の輸出が急速に伸びた結果です。そこで人手が足りなくなり、外国語を専攻した若い社員を数名雇い入れていました。この人たちは、売上はすべて自分たちの手柄とばかりに意気盛んでした。父もそんな雰囲気を黙認しているようでした。

貿易の基礎を学ぶ　私は平田氏の下で、中近東へガスコンロを輸出する仕事をしていました。入社した一九八二（昭和五七）年頃は、アパレル機械・部品に比べて、売り上げも利益も地味でしたが、私にとってのこの時期は、貿易業務の基礎を学んだ貴重なものでした。

　花崎良平は現地に自ら赴き、会話をしながら商売を構築していきましたが、平田氏は、海外に出張することはありませんでした。日々、英文の手紙とテレックスで中近東などのお客様とやり取りをしながら商売をしていました。

　私は当初、平田氏の原稿に従って輸出書類をタイプライターで作成するという仕事からスタートしました。しばらくすると、原稿がなくても自分で考えて書類を作れるようになり、次に外国銀行が発行する輸出信用状を読み取りながら書類を作成するというように、スキルを上げていきました。こういう仕事を繰り返す中で、貿易の基礎である書類作成を学んでいきました。

　平田氏は、私が仕事を理解しようと必死であったことを記憶していました。この時平田氏は、余すことなく私に仕事を教えてくれたと思います。

　入社して半年ほども経つと、海外への見積もりの仕方を覚え、海外のお客様を探し出して、商品を売り込む手紙も書けるようになっていきました。

　まだ若く、至らないところばかりだった私を成長させてくれたのは、平田氏ばかりではありません。商社にはさまざまな人が出入りしますが、そうした人物との交流から得た知識や考え方が、後年いろいろな局面で役に立ちました。

後継者としての覚悟

謝来興（日本名・謝嘉修《しゃがおさむ》）氏のことに触れておきます。謝氏は一九二六（昭和元）年生まれの台湾人で、植民地時代に日本語で教育を受け、戦後は新聞社の特派員として来日し大阪に住まいを構えていました。

父が香港に出向くようになると、通訳のために香港に同行したり、来日したお客様の接待と通訳の任を買って出たりしていました。

私は前述のように、子供の頃からお目にかかり、謝氏から中国の文化や歴史の話を聞くことが楽しみでした。

一九九七（平成九）年頃のことだと思います。謝氏がたまたま新大阪駅まで見送りに来てくれたことがありました。当時のサカエトレーディングは、七〇歳になった父に代わって、私が出張することが増えていました。私は新しいビジネスの芽を見つけようと必死になっていました。

多分、そのことが気になっていたのでしょう。謝氏は私に、

「商売人は非情でなければいけない。あなたにはできますか」と問いかけました。

今振り返ってみると、

「このままいけば、あなたが後継者となる。しかし商売の道は厳しい。そこに飛び込んでいく覚悟はできていますか」という、謝氏の憂慮の言葉だったように思います。

その時私は「はい」とも「いいえ」とも答えられませんでした。すでに否応なく後継者としての道に足を踏み入れていましたが、その平坦でない道を歩き続けられるか、まだ自信がなかったからです。

2004（平成16）年、サカエトレーディングにて。謝来興氏（左）と花崎良平（右）

2　海外支店を設立して

――海外拠点設立ラッシュ

特殊な販売方法　一九七〇（昭和四五）年以降に取り扱いを始めた裁断機や芯地接着機の販売と異なり、刺繍機は特殊な販売方法を取らなくてはなりませんでした。前者の価格が一台二〇万円から三〇万円で収まるのに対して、刺繍機は一台その二〇倍以上する高価なものだったからです。メンテナンスや技術指導といったアフターサービスがエンドユーザーの購入の決め手でした。

この高い価格設定のため香港のミシン商たちは、刺繍機には手を出しませんでした。父が彼らに残した針・工業用ミシンの現状の商売に満足していたということです。

まだ五〇歳代で気力も充実していた父は、サカエトレーディングが展示会をはじめとする広報宣伝もアフターサービスをも手掛けながら販売していこうと決意しました。

このためには香港支店だけでは不十分で、一九八〇（昭和五五）年前後に次のように法人をメーカーと合弁で設立していきました。

香港　サービスセンターを一九八〇（昭和五五）年設立、一九八八（昭和六三）年解散。

シンガポール　刺繍のデザインセンターとサービスセンターを一九七八（昭和五三）年設立、二年後に現地代理店の所属とした。

インドネシア　一九八一（昭和五六）年に現地法人を設立、一九八四（昭和五九）年清算。

この他、一九七五（昭和五〇）年にサカエトレーディング独自でシンガポールに駐在員事務所を設け、

1978（昭和53）年に新設されたシンガポール支店の内部

一九八一（昭和五六）年には支店に昇格させました。

これらの地域にも腰を据えてビジネスをする必要があったのです。

海外展開のノウハウを教える

刺繍機メーカーには海外展開のノウハウがなく、サカエトレーディング主導のもとで販売促進が行われました。

当時父は、本社ビルの二階会議室へ毎月刺繍機メーカーの若手社員を集めて、海外の実情を語り、その後自宅に招いて飲食をしながら、海外の展示会で何をすべきか討論させていました。彼らメーカーの社員たちは、サカエトレーディングの海外法人が独自に企画した展示会で、自社の刺繍機をデモンストレーションするという役割を果たしました。商談があれば、サカエトレーディングの社員たちがその任にあたりました。このように二つの会社の協力体制なしには、刺繍機のような大型機は販売できませんでした。

結果、展示会を行うたびに機械が売れ、父が檄を飛ばした分だけ売り上げが伸びました。

――のしかかる経費と駐在員たち

儲からない理由　さて、サカエトレーディング全体では、売り上げが上がるのに比例して、借入金額も増えていきました。

一九八〇（昭和五五）年こそ大きな利益を手にしましたが、それ以降は、売上高も大きく伸びることなく、利益が出ない年が続きました。原因は、次々に開設したサービスセンター、駐在員事務所、海外支店の費用とその維持にありました。儲けた金額以上の出費が嵩んでいる状態でした。

展示会の開催は一回で数百万円の費用がかかる上に、何人かを海外出張させなくてはなりません。さらに、刺繍機メーカーから派遣された社員の接待までしなければならず、多額の出費が次々と嵩みました。

サカエトレーディングの若手社員たちは、父から「商社マンとは何か」「貿易とは何か」を叩き込まれ、実地でも教育をされていたはずでしたが、組織として目標を明確に掲げて行動するノウハウが蓄積されていませんでした。また年を追うごとに大きくなる商品の扱い高や、現地での接待を通じて形成された偏った人間関係が、少しずつ会社経営をいびつなものに変えていきました。

父は、もしかしたらこの変化に気づいていたかもしれません。しかし、それより「人を信用しよう」とする力の方が強く働いたようです。残念ながらその意に反して、社員たちは次々と父を裏切っていきました。

香港支店S氏

一九七三（昭和四七）年に駐在員事務所から昇格させた香港支店の責任者は、Sという三〇歳を少し過ぎた男性でした。前述の、父の義兄が営んでいた朝日通商が解散したために失職したSを受け入れたのです。Sは、入社当初からしばしば問題行動を起こし、平田氏からは「刑務所の塀の上を歩くような人間」と警戒されていました。そのくせ妙に人懐こく、大変口のうまい人物でした。父はそんなクセのある人物でも、自分ならうまく使いこなすことができると考えていたのだと思います。

しかし、従順だったのは日本にいた時だけで、香港に派遣し、父の目が頻繁に届かなくなると、少しずつ本性を現し始めました。

内外に与えた悪影響

Sは香港から帰国するたびに、若手社員に「香港支店の業績はすべて自分の功績だ」と吹聴していました。専務であった平田氏が、何度も注意をしましたが、その慢心は平田氏との溝を深くするだけでした。

ついには社長の決裁もないままに香港の不動産を買い替えるなど、常識では考えられないような振る舞いをするようになりますが、そのたびに巧妙な「詫び」を入れて解雇には至りませんでした。それどころか、資金に困ると本社から香港支店に販売した機械・部品の代金を支払ってこないという始末に負えない状態を作り出しました。かたや現地では刺繍機メーカーの幹部を接待漬けにし、「花崎社長のやり方では将来性がない」と吹き込んでいました。

そんなSは父には内緒で、香港支店に籍を置いたまま名古屋市内に貿易会社を立ち上げ、刺繍機の取り扱いを目論見ます。完全な背任行為ですが、本人には罪を犯しているという自覚はなかったと思います。

すべて準備が整った一九八二（昭和五七）年、刺繍機メーカーの専務が、父のもとへ香港の代理店権放棄を承諾させようとやってきました。彼は巧妙に「サカエのシンガポール、マレーシア、インドネシアの仕事は現状通り販売をお願いします」「香港の市場は我々の直貿とし、Sには手を出させません」と言って頭を下げました。

父はこの理不尽な申し出を受けました。現実的にはSの不行状に頭を悩ませていたのだと思います。香港の商権は禅譲するが、シンガポールは絶対に渡さないという条件で、「承諾」という結論を下したのでした。

この後、サカエトレーディングはSを懲戒解雇しました。香港には彼が横領を繰り返していた証拠がいくつも残されたままでした。

父の脳梗塞

一九八五（昭和六〇）年の四月初め、刺繍機メーカーは社を挙げて周年記念のセレモニーを行いました。父も来賓として招かれましたが、来賓席にはSの姿もあったそうです。刺繍機メーカーは約束を破り、Sの貿易会社を代理店として使っていたのです。そしてこの帰路、父は脳梗塞を起こして入院を余儀なくされました。胸中は察して余りあるものがあります。

――サカエトレーディングを救う

会社の運営資金　ここまでの一連の出来事と父の病で、私は自分の考え方と生き方を大きく変えざるを得ませんでした。

父は入院先の病院で、私に「通知預金が一億円あるから、それで当面の支払いをするように」と指示しました。しかし、月末に買掛金や経費を支払った段階で通知預金の残高はゼロでした。翌五月末が迫って来て、私は初めて「お金がない」ことに恐怖を感じました。

平田氏と相談し、香港やシンガポールの支店への売掛金を至急回収しようとしたものの捗《はかど》りませんでした。それどころか、さらに膨大な金額の売掛金が未回収のままにされている事実に気がつき衝撃を受けました。

業績を拡大していると信じていただけに、目の前のサカエトレーディングと幻想になってしまったサカエトレーディングとのギャップに悲壮な思いを抱いたのを覚えています。

その場を逃げ出すこともできず、私は経理の仕事に一から取り組みました。

パソコンもない時代です。手作業で伝票を一枚一枚繰りながら、長い時間をかけて貸借対照表と損益計算書を作っていくうちに、まさに「腑に落ちる」という経験をしました。書類の作り方だけではなく、その意味するところも読み取れるようになったのです。

最後の砦

ガス器具の輸出は、海外と日本の銀行をそれぞれ間に挟んで「信用状」を使用しているので、アパレル機械のように海外の売掛金が未回収ということはありませんでした。こちらの取り引きは、住友銀行を通じて行っていました。

一方、繊維機械の売掛金は、三井銀行を回収窓口にするとともに、彼らから運転資金として三億円近くを借り入れていました。すでに土地建物の抵当権は三井銀行が持っており、それ以上担保に出せるものは何も残っていないにもかかわらず、追加担保を差し出せと迫ってきました。父の脳梗塞が軽いものと説明しても、三井銀行はそれまでの態度を急変させたのです。

五月初め、父の不在中に三井銀行の担当者が来社し、私に対して二千万円の借入金の手形の期日が近づいていること、そしてこの後も毎月数千万円の約束手形の期日が来ることを告げました。追加担保を差し出せないなら、手形の書き換えには応じないであろうとも告げました。そして、途方に暮れる私に対し、この担当者は四千万円を緊急で融資するから二千万円を手形返済にあてたらいいと言い出しました。

「借りているのは二千万円ですが……」と私が言うと、「残りの二千万円は当座に入れたままにしておいてください」と返答しました。

この時は、これが銀行の優越性を利用した「歩積両建預金」であり、違法なものであるという知識がなく、この申し出を受ける以外に会社の危機を救う方法はないと思い、父の了解を得ないまま申し出を受けてしまいました。

直後に平田氏から、これは利息で儲けようとする行為で、銀行が行ってはいけない禁止事項であると教えられました。無知と困難な状況に付け入るような三井銀行のやり方に、ただただ涙があふれてきました。

数日後、輸出書類を住友銀行に持ち込む用事がありました。憤りが収まらなかった私は、常々懇意にしていた外為の担当者に、この出来事をつい語ってしまいました。

するとは翌日、その担当者が支店長を連れて来社しました。

私は何事かと身構えましたが、支店長は金額の入っていない住友銀行の約束手形を私の前に差し出しながら言いました。

「借入金の総金額を記入して三井銀行さんに渡してください。全部返済してください。このままでは会社が潰れてしまう。今後は当行で面倒を見ます」

この住友銀行の支援は、サカエトレーディングにとって最後の砦となり、サカエトレーディングが倒産することはありませんでした。

シンガポールでの出来事 ──

I氏の陰《かげ》

「香港がなくなってもシンガポールがある」父はそう考えていたようです。

しかしシンガポール支店は、刺繍機販売のために設立したと言ってもいいような会社です。香港で味噌をつけた刺繍機メーカーとの関係修復が簡単に行くとは思えませんでした。

おまけに、当時シンガポール支店長であったIという男性は、とうの昔に父を裏切っていました。しかもその手口はSより狡猾でした。Sが陽動であれば、Iは隠密裏に動き回る人物です。ただし、この二名が共鳴し合うことはありませんでした。

彼の手口は、架空の「口利き人」をでっち上げて、書類上その人に口利き料を支払ったこととし、その実自分の懐に収めるというごく単純なものです。しかし、シンガポール、マレーシアという国際間、タイ、インドネシアという二重会計もありうる国を利用していたところが巧妙です。ただし、これは時間の問題で、いずれ発覚します。そこで彼が打った手は二つ。一つは、会計監査を見逃してもらうこと。もう一つは、Sの事件で揺らいでいるサカエトレーディングがなくなるようにすること。そうすれば、彼の犯罪を追及する者がいなくなるという算段でした。

一つ目の目的のため、Iは赴任するとすぐ、父には無断で監査法人を替えてしまいました。どちらが先かは分かりませんが、Iはこの法人の代表者の妹を内縁の妻にしていました。普通であれば監査法人から「不適切」として報告される事実が、父にもシンガポールの税務署にも監査法人から報告されない状態をつくったのです。

Ｉはこの内縁関係の女性の問題で離婚し、妻は子供たちを連れてシンガポールから帰国するのですが、この時でさえＩは「離婚のことを社長に報告したら、養育費を一切支払わない」と脅して、すべてを隠蔽してしまいました。後にＩが横領で告訴された時に、父は初めてこの事実を知らされました。

次にＩが動いたのは、刺繍機販売の権利の奪取と、サカエトレーディング潰しでした。一九八九（平成元）年、シンガポールに赴任してから約一〇年でＩは退職を願い出ました。退職後にタイで友人と事業を始めるという嘘を理由にしていました。本当の理由は、シンガポールに赴任して間もなくＩが秘密裏に作った会社で刺繍機を取り扱う準備が整ったからです。また、彼の二つ目の目的である「サカエトレーディングがなくなる」には、今しばらく時間がかかりそうだと判断したからだと思います。

この時父は「退職は認めない」と返事をしました。懲戒解雇が相当だったからです。

――世界における商社マンの闇――商人の品位

商社マンのモラルハザード　一九七三（昭和四八）年に起きた第一次石油ショックに端を発して、翌年から日本は戦後最大の不況に突入しました。ちょうどこの頃、大手商社は世間から非難を浴びていました。「狂乱物価」とも言われたインフレに便乗して、商社が土地や株、物資の買い占めや売り惜しみを行い、それが物価高騰を招いたと考えられたのです。この批判を皮切りに、大手商社が行っていた違法な取り引き――関税法違反や食糧管理法違反――が糾弾され、最後には元総理大臣が逮捕されるロッキード事件にまで至ります。

同時に、商社マンたちの海外での常軌を逸した行動が明るみに出ました。現地の大使館や政府、軍部を巻き込んだ贈収賄、ライバル会社に仕掛けられたブラックメールの数々。果ては商社マンやメーカーの海外駐在員たちの破廉恥な行動までが、報道や小説、ドラマなどでも取り上げられるようになりました。

背任の危険に晒されやすい中小商社マン　外地で働く社員による横領や横流しといっ

た背任行為は、昔から経営者を悩ませてきた問題です。

ただし大手商社の場合は、取り引き一つ一つとは性質の異なる「出世競争」という圧力が、背任行為を防ぐ装置としても働きます。

しかし、出世競争という圧力の弱い中小商社では、この防止装置は働きません。また、中小商社の駐在員は、経営者の目の届かないところにありながら、経営者同様の責任と力を与えられています。背任を止めるのは当人の心がけ、つまり人間としての品位しかありません。

しかし、SとIはこの一線を越えてしまいました。父が受けた戦前の教育と日本の有《あり》様《よう》では想像ができない現実だったと思います。父は最後の最後まで、何とか両名を信じようとしていました。その父の苦悩を見ていた私としては、人間の性格は変わらないとしても、より高い品格を身につけるための教育を、中小の会社であってもする必要があると思いました。

花崎絹子小史

第四章

戦うサカエトレーディング

1　初めての戦いへ

――背任の後に残されたもの

謎のいやがらせ　サカエトレーディングが抱えた問題は、二人の支店長の解雇という事態を招きました。その後の顛末をここで記します。シンガポール支店のIが辞職を願い出た一九八九（平成元）年から、彼を解雇した後の数カ月間、サカエトレーディングも、シンガポール支店も平穏ではありませんでした。

見知らぬ人が頻繁に会社の前をうろつき始め、サカエトレーディングの取引先や銀行に対して電話やブラックメールで会社の批判をしていました。強引に社長へ面会を求める怪しげな人物が現れたり、寄付を強要する人物が現れたりもしました。さらにシンガポールから、Iの悪行をしたためた英文の手紙が断続的に届き始めました。

これらと同格に扱うのは申し訳ないのですが、国税局の調査官が突然やってきたのもこの頃です。

当時のサカエトレーディングが晒されていた状況で、受付の女性社員は、三人の男性調査官を怪しい人物と勘違いし、追い返そうと押し問答になりました。彼らはしびれを切らし、彼女を振り切って二階にかけ上がってきました。

そこで初めて、彼らが国税庁の調査官で、サカエトレーディングを調査に来たということが分かりました。サカエトレーディングは税務調査の経験はあるものの、国税庁の人が来るのは初めてでした。

「何故?」という疑問を抱きつつも、要求された書類を提示しているうちに、他にも数名の男性が加わり、社内の社員に大きな声で「書類に一切触れないように」と指示しました。

大勢で会社中をひっくり返す勢いでしたが、その日の夕方には「違うなあ」という彼らの声が聞こえてきました。二日目には人数が大幅に減り、午後には、責任者が「お手数をおかけしました。もう帰ります。問題はありませんでした。我々が来ることは二度とないでしょう」と言うと、あっという間に撤収していきました。私たちは呆然と見送るばかりでした。

シンガポール支店が持っている代理店権　この年の秋、刺繍機メーカーの社員が一枚の紙を持って来社しました。紙には「半年後に代理店契約を打ち切る」という文章が印字されており、社印だけが押されていました。

平田氏は、文面を見て「あまりの仕打ち」と絶句してしまいました。そして父は、怒りのあまり言葉を発することさえできませんでした。

――「商権」を裁判で争う

商売をする権利　私たちは、民事裁判でこの申し出が不当であることを明らかにしようと考えました。争点は「サカエトレーディングの持つ商権」です。

商権とは「商業上の権利または権益」というような意味で、昔から使われてきた言葉です。必ずしも明確には定義されていませんが、法律上は、「事実上継続的・安定的な取り引きが行われていれば、そこに商権の存在を認める」と判断されています。

分かりやすく言い換えると、「荒野に道を作り、水を引き、畑を開き、タネを撒いた者には、収穫を分かち合う権利がある」と前章で説明した「権利」のことです。

東南アジアの刺繍機の市場は、サカエトレーディングが岩を取り除き、土地を均《なら》して道を作り、土を耕し、水を引いて肥料を撒き、朝に夕に見回ることで出来上がったものです。刺繍機のメーカーは、そこへ撒くタネを持って来ました。しかし、だからといって実った果実は全部自分のものであるという理屈は理不尽です。

サカエトレーディングは今まで、商社にとって不条理な主張をする者と関わることを嫌って、距離を置くようにしてきました。無用な争いでお互いが消耗してしまうより、新たな道に進む方が賢明であるというのが父の考えでした。しかし、今回ばかりは違いました。SやIの言葉を信じて、父と一度も話し合おうとしなかった刺繍機メーカーの責任者は、我々を甘く見ていたのかもしれません。

2　強い企業へと変貌

――「戦い方」を教えてくれた弁護士

サカエトレーディングは負ける体質　商権を争うにあたって、一九八九（平成元）年、名古屋中央法律事務所の齋藤洋先生（故人）と西野泰夫先生に問題解決を託すことにしました。サカエトレーディングの担当者には私がなりました。先生方は、私から事情を聞き取った後「商売は戦いでもあります。確かに花崎社長の戦法は優れていると思います。しかし前に進むばかりで、中に隙を作ってしまった。また、殿《しんがり》（著者注―最後尾にあって追撃を防ぐ者）を任せる者をきちんと決めておかなかった。これでは敵に内通するような裏切り者が出て当然です。命を取られなかっただけ幸運だった」と言いました。

その言葉を呆気に取られて聞いている私に、齋藤先生は矢継ぎ早にこう続けました。

「強くなりなさい」

「そして必ず勝ちなさい」

「今のサカエトレーディングは、どれほど努力して儲けても必ず負ける体質になっている。勝ちなさい。私が勝ち方を教えます」

六年越しの裁判
——商権は商社の本質

一九九〇（平成二）年より、サカエトレーディングは「商権」という権利を争いました。私たちにとっては、自分たちの存在意義を争うことも意味していました。一方の刺繍機メーカーは、目論見通りいかなかったことへの意趣返しをするような裁判でした。

現実的には、「商権」で白黒をつけるのは大変難しいことでした。判決が出ないまま、裁判開始から六年が経ち、その間に三人の裁判官が交代していました。

この長い争いに突然の決着をつけたのは、四番目の裁判官の言葉でした。

相手側の二人の弁護士のうち、毎回きつい口調でサカエトレーディングと私をなじっていた若い方の弁護士が、いつも通り言葉を発しようとした瞬間、裁判官は意外な言葉を彼に投げかけました。

どういう理由で、サカエトレーディングや私を責めるのかと問うたのです。

相手側の弁護士が言葉に窮していると、裁判官は続けてこう言いました。

「刺繍機メーカーとして世界一になったのであれば、それなりの品位を持った会社になるべきではないですか。いい加減に和解して、しかるべき賠償金を支払ったらどうですか」

これに対し、相手側の年長の弁護士が立ち上がり、役員を説得すると約束し、その日は終わりました。

それから間もなく、長きにわたった裁判は終了しました。

サカエトレーディング側の二人の弁護士は「商権は認められたのだ」と言いました。

私たちは勝ったのです。

この六年間、私は殿《しんがり》の役割を果たして敵と戦いました。その間もサカエトレーディングの前線は、新しい地を目指して進んでいました。

3　運命を切り拓く
――新しいサカエトレーディングの萌芽

――培った信用が商売を呼び込む

ガス器具の世界市場　刺繍機の販売に暗雲が漂っていた一九八五（昭和六〇）年前後、ガス器具輸出にも大きな変化がありました。

安価な鋳物コンロが中国で大量に製造されるようになり、中近東諸国に輸出され始めました。日本の鋳物メーカーもサカエトレーディングも市場を失いました。しかし、サカエトレーディングは運良く、トルコに新しいお客様を見つけていました。商品もガスコンロではなく、石油ストーブです。

西ドイツへの石油ストーブ輸出　サカエトレーディングは、一九八八（昭和六三）年から数年間、トルコの会社との間に大きな取り引きを成立させました。

きっかけは、一九八〇（昭和五五）年から継続していた西ドイツ向けの石油ストーブの輸出です。最初は一枚の手紙から始まりました。サカエトレーディングのガスコンロの英字広告をエネルギー産業の業界誌で見た人が、西ドイツから取り引きをしたいと申し出てくれたのです。しばらくやり取りをしているうちに、石油ストーブの方が適しているのではないかと考えた平田氏は、大阪のトヨクニ社の製品の見積もりとカタログを送りました。

結果は大当たりでした。商売は好調で、毎年千台以上の石油ストーブをフランクフルトの港に向けて輸出することになりました。

ただ実際には、ドイツ人は石油ストーブを使わず、スチームパイプで暖を取ります。不思議に思ってい

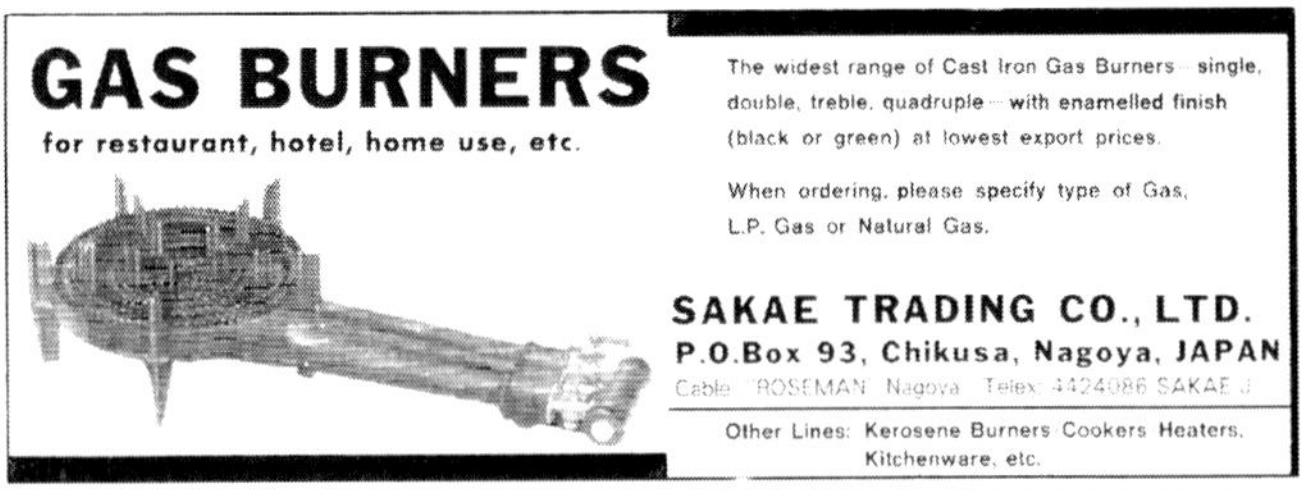

エネルギー産業の業界誌に掲載していた英文広告。10年以上掲載し続け、中近東をはじめ、西ドイツからも引き合いがきた

ると、当時の西ドイツに来ていたトルコからの出稼ぎ労働者が購入していることが分かりました。スチームパイプの設置には工事が必要ですが、石油ストーブなら灯油さえあればいいという、安さと手軽さが受け入れられたのです。そして彼らは、母国へ戻っても石油ストーブを使い続けました。陸路で戻る際に、石油ストーブも積み込んでいたのです。

トルコへ石油ストーブを輸出する

トルコ人でグンクットという会社の社長ゴルチェン氏は、故郷のイズミールで生まれて初めてこの石油ストーブを目にします。当時のトルコでは、暖を取るのと調理するのに、石炭や薪ストーブが主流でした。彼は、この石油ストーブをトルコ全土へ一挙に普及させようと思い付き、幾人もの仲介者を経て、サカエトレー

トルコ全土へ一挙に普及した日本製の石油ストーブ

ディングに辿り着きました。

彼は店頭販売をせず、石油ストーブを使用している家庭に近隣の人を招き、実際の使い方を見せて、その場で注文を取るという方法を採りました。

実際この方法は大成功を収めました。彼が最初にサカエトレーディングから購入した五〇〇台は、たった一週間で完売してしまいました。

その後もサカエトレーディングは、それまで出荷したことのない、一回に一万台にも及ぶ数の石油ストーブを毎月トルコに輸出し続けました。すべて銀行の信用状のついた取り引きで、輸出と同時に、銀行の口座に代金が振り込まれてきました。

ゴルチェン氏は、この商売で大儲けしたそうです。ここで得た利益を、次はリゾート開発につぎ込んだといいます。しかし、その新しい事業には失敗し、石油ストーブの輸出からも手を引いてしまいました。

とはいえ、たとえ一時的なものにせよ、社員を巻き込んだ刺繍機メーカーとの確執に苦しんでいたサカエトレーディングにとっては幸運でした。仲間が助けに来てくれたかというような錯覚さえ覚えるほど、感動的な取り引きでした。

父は一九八八（昭和六三）年一一月、ゴルチェン氏の招きでトルコを訪れます。その時の旅行を、父は文章に残しています。


そこはウルダーというイスタンブールから最も近い有名なスキー場であった。

今日は一一月三日、雪はまばらでスキーはまだできない。

昨夜は雷があり雹《ひょう》が降った。

グンクットが輸入したトヨクニ石油ストーブの販売員をトルコ全土から集め、ホテルを借り切ってセミナーを開いたのである。それに私は招待されたのだ。

セミナー開始にあたり、あらかじめ私は挨拶の内容を通訳に伝え、彼が通訳し易いようにしておいた。私の挨拶が終わって、ゴルチェン氏が三〇分ほど熱弁をふるった。それはまるでヒトラーの演説のようだ。

後で通訳から、どうやって販売しているのか詳しく聞いた。話では石油ストーブをその場で販売することはない。現物は何月何日頃入荷してからすぐ渡すという条件の売買契約をするのだそうだ。

販売員はまず住宅地の家庭の応接間を借りて近くの主婦たちに集まってもらい、そこで見本の石油ストーブを披露するのである。それも手がこんでいて、綺麗な重量感のある布で袋を作り、ストーブを覆って見えないようにしてある。それから販売員は長口舌を振るうそうである。「毎朝重い石炭を運んでストーブにくべるのは大変です。それに石炭は煙突掃除もしなくてはなりません。冬の暖房のために主婦は労働を強いられている。しかしこれらを一気に解決する新しい暖房器具がここに現れました」と言って、おもむろに布をはずし、ストーブを見せる手順だそうだ。

花崎良平「再びのトルコ」

――一九八〇年代の出来事

サカエトレーディングの安定

刺繍機の商売がなくなるにつれて、売上は半減どころか、さらにその半分にまで落ちていました。しかし会社全体の収支は逆に安定しました。香港もシンガポールの支店も規模は縮小しましたが、継続させることができました。香港とシンガポールにあった刺繍機のためのサービスセンター、インドネシアの駐在員事務所はすべて閉鎖しました。マレーシアではクアラルンプールに一九八九（平成元）年、日本製の刺繍糸を販売する会社、ハナザキトレーディングを設立しました（巻頭7頁）。

同じ年、サカエトレーディングを不動産管理の株式会社花崎と、従来の貿易業を営むサカエトレーディング株式会社の二社に分割しました。

ちょうど一九八〇（昭和五五）年頃から、中国では鄧小平の主導する市場開放政策が推し進められて、繊維産業、縫製業が最盛期に向かって発展し始めていました。

サカエトレーディングでは、裁断機、芯地接着機の輸出が好調でした。香港支店では中国向けに香港の商社やミシン商へ販売し、シンガポール支店では、マレーシア、インドネシアの現地の商社に向けて、これらの機械を輸出していました。

父が一歩退いた形で、出張に出ることがなくなり、代わりに私が頻繁に香港、シンガポール、マレーシアに行くようになっていました。裁判の担当、経理の責任者、ガス器具輸出の仕事に、アパレルの機械、部品の仕事――つまり、会社の中のすべての仕事に首を突っ込んでいました。

二回目の裁判

この時、特に好調だったのが、新潟の東和製作所が製造していたボビンとボビンケースの販売です。しかし、この好調の最中に再び問題が起きました。

これらの部品メーカーの三代目であり後継者の専務W氏は、「サカエトレーディングと香港支店の手にする利益のパーセンテージが多すぎる」と突然言い出しました。中国のお客様に自分たちで販売することで利益を増やし、経営者としての自分の門出を飾りたいという魂胆があったようです。W氏は急遽、サカエトレーディング担当の部長を部署替えして社内を押さえ、出張中の私を追いかけて香港にやってくると「中国と香港市場は、今後自分たちで直貿する」と宣言しました。これより以前にサカエトレーディングが妥協して、口銭のパーセンテージを下げることでいったん決着していたにもかかわらずのことでした。さらに、応じなければ商品を出さないとまで言い出す始末でした。

こう言われた時は、これまでの経験から商権を主張できると確信していましたが、忙しい私にとって裁判は避けたいところでした。

しかし話し合いの折り合いがつかず、二〇〇〇（平成一二）年に再び商権を巡って裁判が始まりました。

サカエトレーディングを担当するメーカー側の部長は、若い頃にサカエトレーディングで修業した人でした。彼は、父が裁判で「商権を争う」とは夢にも思っていなかったのか、電話で私に「長い間の二社の関係を考えれば、裁判は信義にもとるやり方だ。花崎良平の顔に泥を塗るのか。すぐに裁判などやめるように」と言いました。

裁判が父の美学に反していることは先刻承知していました。私としても裁判は抱えたくありません。しかし私は、次のように反論しました。

「信義にもとるのはあなた方です。当社をさんざん利用しておいて、用済みだから打ち切りなどというのはおかしい。義というよりも理が立たないのです」

結局、裁判は二年余りで和解となり、商権を換算して賠償金を受け取り、このメーカーとの関係を断つことになりました。その後、香港に限らずアジアの市場はこのメーカーに代わって中国製品が主流になってしまいました。サカエトレーディングがハンドルしていれば、もう少しましな結果を残すことができたと思うと、残念です。

他人の四倍働く

この頃の私の仕事量は尋常ではありませんでした。毎日が経営者としてのトレーニングでした。

この仕事量を乗り切るために、

「他の人の二倍速く判断する」×「他の人の二倍速く行動する」

つまり、四倍速で仕事をすることを自分に課しました。

こうでもしなければ、山積みになった課題と、次々に襲ってくる問題とをこなし続けることは到底できなかったのです。

支店のこと余談

サカエトレーディングのシンガポール支店は、わずかに残されたミシンの部品や裁断機、芯地接着機などの縫製工場用の機械を販売して利益を得ていました。

マレーシア支店では刺繍糸を日本から輸入し、小分けして、工場に販売していました。

私は、この二つの拠点と香港の三カ所を、一カ月から一カ月半の間に訪問し、各々三、四日ずつ滞在していました。まずクレームへの対処をし、次に支払いの良くないお客様への対応策を考えて実行し、その合間をぬってお客様を訪問していました。さまざまな案件が私を待ち受けており、その場での決断を迫られました。

現場の人たちが、私の来訪を待っていたことが分かっているのに、「考えておく」という返事は私にはできませんでした。

一方、香港支店では刺繍機メーカーの製品に代わり、芯地接着機と裁断機など、アパレル機械の取扱量が急速に増えていました。

ところが香港支店の元支店長Sからの悪しき伝統なのか、社員のモラルは低く、横領や横流しが頻発していました。後任の支店長もそれを黙認していました。結局、私が香港へ行き始めると彼は会社を辞め、さらに経理担当者はコンピュータから経理データをすべて削除して去っていきました。

東南アジアの会社では、社員が一人でも会社を辞めると、社内主要部の鍵を替えるのが常識です。これは、不正に手を染める心理的ハードルの高さが日本とは大いに異なるためです。

海外でお客様に接する時は、全身全霊、心を込めて話すので、日本語で話すより意思が通じ、相手の心の動きまで感じ取ることができます。感動するほど、商談が実りあるものでの終わる経験を数多くしてきました。

一方で自社の支店間では、決して心を開放することができませんでした。一生懸命話を聞くのですが、雇用者と社員という立場が明確で、お互いに領域を侵さないことが不文律となります。常に聞き手に回り、意見を引き出すことに傾注しなくてはならないのは、心理的に楽なことではありませんでした。

グローバル化は、都合のいい言葉です。現実は、言葉の壁から始まって、国民性の違いを意識しつつ共有できる認識を見つけ出すプロセスが必要です。「違う」ということを前提に相手を理解し、考え方のスタートラインを自分の方から相手に近づけるということが、商売でも、海外の社員との関係でも必要でした。

花崎絹子小史

第五章

サカエトレーディングの再生

［二〇〇〇年——二〇一九年］

1　商社マンとしての成長

――「危機」には「機（チャンス）」がある

テレサ・リーさんとの出会い

少しさかのぼった話になります。香港支店のSが辞め、シンガポール支店の動きも不穏な一九八七（昭和六二）年の一〇月のことです。

ＬＰガス用圧力調整器のトップメーカーである富士工器社の上岡部長から一本の電話が入りました。富士工器社は、サカエトレーディングの近くに本社を構えています。平田氏が取り引きをしていましたが、この年もわずかな売り上げがあった程度でした。

電話での用件は、今から香港のお客様をお連れするので、サカエトレーディングに今後、間に立って商売をお願いしたいというものでした。父は喜んで申し出を受けました。

返事の後すぐに伴われてやってきたのは、香港にあるガス器具の輸入業者ケーター・コーポレーション社の社長のテレサ・リーという女性でした。

ケーター社は、以前より東京の商社を通じて、富士工器社のガス器具を輸入していました。しかし、今般その商社が商品代金を受け取って行方をくらませてしまったというのです。商品は届かず、連絡もつかない。困り果てたテレサさんは、製造元の富士工器社へ直接やってきたというわけです。

上岡部長は、テレサさんの会社が年間数百万円ほど富士工器社の製品を購入していることを手早く話した後、今後はサカエトレーディングで面倒を見ていただきたいと頭を下げられました。

彼女が購入した未着の商品は、富士工器社が無償で提供すること、サカエトレーディングも協力して船積みを無償で行うことを、父は丁寧に話しました。

その時の彼女の安堵と喜びの表情は、今でも忘れられません。

実は、テレサさんの来日を知ると、上岡部長はすぐさまサカエトレーディングに白羽の矢を立てていました。一番の理由は、歩いて二分の距離にあるという近さだと思われますが、平田氏の過去の対応が好印象であったことも理由の一つだと思います。

これは、接待やワイロではなく、信用で結ばれたメーカーと商社との理想的な在り方です。

テレサさんは、それから一、二カ月に一度の割合で、富士工器社の製品を注文するようになりました。上岡部長は「以前より注文が増えていますよ」と、嬉しそうに話していました。

しばらくすると、彼女は取り引きのある一〇社近くのガス器具メーカー名、商品名、購入価格を書き入れた書類を送ってきました。これまで購入していた大阪の商社が廃業するので、今後はすべてをサカエトレーディングで買いそろえて、香港のケーター社に輸出してほしいというのです。

売上が落ち込んでいたサカエトレーディングにとって、この取り引きは救いの神でした。小さなきっかけから、サカエトレーディングは富士工器社製の圧力調整器というガス器具を、香港、中国、東南アジアに輸出することになりました。

師としての存在

テレサさんは、当時四〇代に手が届くくらいの年齢で、バイタリティあふれる女性でした。有名ブランドのスーツと香水がよく似合っていました。

取り引きが始まって半年ほど経った頃、彼女から国際電話がかかってきました。用件は値引きと注文数の変更です。いつもの早口の英語ではなく、私にも理解できるように、要点を押さえてゆっくりと話してくれました。

しかし私は話を聞き終えると、ごく当然のように「おおむね理解できましたが、間違いがあってはいけないので、後で内容を書いてファックスで送ってください」と頼みました。するとテレサさんは、突然電話口で怒りを爆発させました。

「私が何のために国際電話をかけたのか考えなさい。ファックス原稿を書く時間があったら電話をしない！　これしきの英語を正確に聞き取れないなら仕事などするな！」

激しい言い方にたじろいだものの、よく考えると、彼女は何も間違っていません。生半可に仕事をこなしていた自分の甘えに問題があったのです。

この出来事をきっかけにして、私は友人から英語の個人教授を紹介してもらい、英会話を本格的に習い始めました。これが後々、ビジネスにどれだけ役に立ったことか——。テレサさんは、私の先生のような存在でした。

商社マンとして信頼を得る

私の英会話スキルが進歩すると、テレサさんとの会話は細部まで可能になりました。すると彼女は一年に二回は日本を一人で訪れ、今まで一人で訪問していたメーカーに私を同行させるようになりました。そこで香港や中国での今後のプロジェクトの内容や方針を一緒に聞くことができました（巻頭8頁）。ガス器具のメーカーは、縫製機械のメーカーとは対照的に、直接貿易にあまり関心がなく、日本人の貿易商社が加わることをかえって歓迎してくれていました。

ある時、来日していたテレサさんと一緒に、千葉県九十九里浜の近くにある取引工場に赴く途中、彼女の大きなスーツケースを東京駅のコインロッカーに預けようとしたところ、どこもふさがっています。電車の発車時刻が迫って、じりじりとした数分が過ぎたところで、ようやく一つ空きが出ました。安心して預けようとすると突然、脇からスーツケースを提げたサラリーマン風の男性が現れて、空いたコインロッカーに手をかけました。

私は反射的に「ミー、ファースト！(私が先よ！)」と叫んでいました。すぐさまコインロッカーとサラリーマンの間に割って入り、呆気に取られる男性をしり目にスーツケースを納めました。

テレサさんは、無事に乗れた電車の中で「さっきは、びっくりした。あの勢いがあれば、世界中一人で行けるわよ」と笑っていました。香港、中国と精力的に商売を切り拓くテレサさんから見ると、私は常日頃ぼーっとしていて、それまでは物足りない印象が強かったのでしょう。

商売の機微を学ぶ

テレサさんは香港人です。どんな経緯でビジネスの世界に飛び込んだかは分かりませんが、やり手で通っていました。

その頃、中国では新しい都市が盛んに建設されていました。町が自然発生的に生まれた日本とは違い、原野のような場所に計画的に作られるのです。ガスはトレーラーにタンクを積み込むかパイプラインで運びます。テレサさんは、大手の会社を向こうに回し、ガス配管計画から設計にも関わり、施工契約を次々と勝ち取っていました。

彼女は、懐に飛び込んだ私を身内同様に扱ってくれました。

ちょうどサカエトレーディングの香港支店では、Sの去った後に、現地の部下たちがモラルハザードを起こしていた頃です。

父に代わり、私が香港へ赴き、立て直しを図るのですが、うまくいきません。そんな様子を見かねて、テレサさんは私を自宅の食事に招き、何くれとなくアドバイスをしてくれました。その後、私が体調不良でひと月ほど香港を離れた時も、香港支店に毎日顔を出し、業務を応援してくれました。

「香港人は抜け目ない。同じ職に長年留まっているような人物は日本なら実直誠実な人柄だとほめられるが、香港なら無能か、よほどうまい汁を吸っていると思われる。サカエトレーディングの香港支店の混乱は、あなたのお父さんの時代から始まっている。今、過去の腐った根っこを削ぎ落としなさい。それがあなたの仕事」ときっぱり言いました。

この言葉だけでなく、彼女は商売に関するいろいろな金言を私に残してくれました。

たとえば、刺繍機メーカーとの裁判に疲れ果てていた時には、

「中国では『危機の背中にはチャンスがある』と言う。ピンチ（危）の時には必ずチャンス（機）が芽生えているものだ。だから絶望してはいけない。ただし、逆も言える。調子が良いといっても、足元はすでに崩れ始めている。それを忘れないように」と言いました。

さらに経営者について、

「経営者は按針《あんじん》になる覚悟を持たなければならない」

と言っていました。「按針」とは、磁針や天体の動きで航路を決める中世の航海長のような存在のことです。非常に尊重されますが、失敗すると人身御供《ひとみごくう》にされるのです。

こうして、テレサさんは彼女を取り巻く商売の厳しさを私に語っていました。経営者は孤独だとも言い、孤独は耐えるのではなく、楽しむべきだとも言いました。

しかしその彼女も、一九九八（平成一〇）年に中国・武漢への取り引きで痛手を被りました。商品を出荷しようとした直前に政治が介入し、取り引きがすべて反故にされてしまったのです。被った損害は、数億円と噂されていました。彼女は会社を売って、突然業界から身を引きました。同時に香港からも去りました。別れの挨拶も言葉も交わすことができませんでした。後になって、ロンドンに行ったらしいという噂を聞きましたが、こちらから連絡を取ることはできないままでした。そんなテレサさんから連絡があったのは、父が亡くなった時でした。どこから聞きつけたのか、お悔やみの電話をくださったのです。電話の最後に、片言の日本語で「パパさんいい人でした」と言ってくださいました。

二度と会うことはないかもしれません。わずか一〇年の付き合いでしたが、私の中では、アジアの商社マンと言えば、テレサ・リーさんです。

――香港を拠点にした新しい道

一九八〇年代後半の中国・深圳《シンセン》

テレサさんが、香港を拠点にしてガス器具を中国本土向けに輸入していたのは、改革開放政策で中国が世界デビューを果たした一九八〇年代でした。

その頃、香港に隣接する深圳は人口三〇万人ほどの小さな市でした。しかし、一九八〇年に経済特区に指定されると爆発的に規模を広げ、現在では人口一五〇〇万人を超える巨大都市となっています。その過程でエネルギーを石炭や薪からLPガスに転換しました。それはガス器具の巨大な市場となり、テレサさんをはじめとする香港のガス器具ディーラーたちが活躍したのです。

積極的な売り込みが成功した深圳でのビジネス

私は支店の業務のために香港を頻繁

に訪れていました。海外出張では、どんなに忙しい時でも突然時間の空くことがあります。その時間を利用して、富士工器社が製造する圧力調整器を持ってガス器具ディーラーを訪問するようにしていました。

香港の電話帳で会社とその電話番号を調べ、アポイントを取るところから始めなくてはいけませんでしたが、香港に支店があることでアポイントが取りやすく有利でした。また、一九九〇年代後半は「日本人」が会いたいと言えば、興味を持って迎え入れてくれる時代でした。茘枝角《ライチーコック》通りに集まっていたミシン商と違って、ガス器具を扱う商社は香港中に点在しており、その数も一〇社ほどでした。

圧力調整器を持参して最初に訪ねたのは、香港最大手の香港LPガス社の子会社エナジートレーディング社でした。それから数カ月間、香港へ行くたびに顔を出していると、いつも応対してくれている技術者が「セールスマンが、ちょうど中国から戻っているから会わせよう」と言ってくれました。そして翌日、このセールスマンは第一回目の注文書を私に送ってくれました。一九九八（平成一〇年）年のことです。

またこの少し前、他社との商談のために来日していたキーオン・エンタープライズ社の役員から「サカエトレーディングを訪問したい」という電話を受けました。香港・中国で評価を得た富士工器社の製品を購入するという目的でした。

こうして、テレサさん一人ではカバーしきれない中国という大きな市場への前線基地、香港への商流を作り始めました。

間もなく、香港のどのガス器具ディーラーを訪問しても「中国の深圳市が、二〇〇五（平成一七）年までに、LPガス供給から天然ガスへ全面移行することを決定した」という話題で持ちきりになりました。

切り替え時には、一戸一戸の配管と圧力調整器等を交換する必要があります。この作業は深圳ガス社が行いますが、器具類はどのブランドの何を、どの会社が納入するのかが大問題でした。中国製は選択肢になく、日本製、米国製が有力候補でした。しかしサカエトレーディングが直接深圳ガスに売り込みに行くことは深圳ガスの規則で許されなかったため、エナジートレーディング社とキーオン・エンタープライズ社の二社のプロモーションに命運を託すことになりました。この時、ケーター・コーポレーション社のテレサさんはすでに香港を去っていました。

一方、日本では、中国の安全基準に合わせるために、現行製品を大至急改造する必要に迫られました。この数十億円のビジネスチャンスに、富士工器社は上岡常務（部長から昇格）以下全社を挙げて取り組み、二年近い歳月をかけて製品化に成功しました。結果は、前半はエナジートレーディング社が注文を掌中に収めました。後半はキーオン・エンタープライズ社が受注しました。そのすべての製品をサカエトレーディング経由で輸出したのです。二〇〇〇（平成一二）年から二〇一〇（平成二二）年までに輸出した総数は、五〇〇万個を超えていました。

富士工器社のSG－6と名付けられた新型圧力調整器は、安全性と耐久性に優れており、無事故という輝かしい成果を残すことができました。この裏には、メーカーと日本側の商社、香港側の商社（ガス器具ディーラー）とお客様という四者の優れた連携がありました。必要な情報の開示、共有があり、安全という信用を得る努力が常にされていたという、理想的な商売であったと思います。

蛇足ですが、この期間にサカエトレーディングは、運用資金として銀行から融資されていた金額をすべて返済し、自己資金だけで運営のできる会社になりました。

現在もサカエトレーディングは、香港、マカオ、中国へのガス器具の輸出は香港のガス器具ディーラー経由で継続しています。この他にも、この二〇年でインドネシアとマレーシアにガス器具ディーラーをそれぞれ開拓することができました。取り扱い器具も、日本製のガスメーター、バルブ、ガス栓、圧力計など、幅広くなっています。

物を輸出するというだけでなく、信用を積み重ねるサカエトレーディングの精神には変わりはありません。

2　アパレル機械メーカーの浮沈

――日本のアパレル産業

日本の縫製業者の中国進出　一九七〇年代、日本から多くの縫製工場が海外に進出し始めました。特に中国の市場開放が本格化してからは、動きが顕著になりました。国内では数人規模の零細企業が、中国の上海周辺地域に数百名の合弁会社を設立し、生産拠点をすべて移してしまったという話は珍しくありません。当時は、中国に進出しない方がおかしいと言われていたものです。

しかし、現在もその事業を継続できている企業はわずかしかありません。

土地勘もなく、知り合いもなく、慣習も法律も分からない人たちが、安い人件費だけを求めて他国に移っていったとして、果たして事業を成功させることができるでしょうか。

海外進出に失敗して這々の体で逃げ帰ってきた人たちには、父が日本側の人間も相手国側の人間も「我々」と呼んだ、あの感覚が欠如していたのかもしれません。

――新しい商材――サカエベルトができるまで

サカエトレーディングのアパレル機械

中国への進出が順調に進む中、第二章で紹介した、シンコー工業とケーエム裁断機の二社との間でも、「危」と「機」が目まぐるしく入れ替わりました。

「サミット」のブランド名で展開し、サカエトレーディングも長年輸出代理店になっていた、芯地接着機のメーカーであるシンコー工業が倒産します。一九九七（平成九）年のことでした。倒産の二、三年前から経営が不安定で、海外へ進出した縫製業者を追いかけるように、上海へ製造拠点を移転しようとして失敗するなど、内部に深刻な問題を抱えているようでした。

この頃、香港支店の技術者から機械の品質が悪くなっているという報告を受け、私は危惧を抱いていました。機械自体の寿命は、二〜三〇年あります。もしメーカーが倒産した場合には、販売済みの二万台近い芯地接着機の交換部品や消耗品のベルトを独自で調達する必要がありました。

シンコー工業が倒産したのは、こうした危機を察知してから進めていた部品やベルト調達のめどがついた頃でした。

サカエトレーディングは香港支店で在庫として残っていた三〇〇台を売りきったところで、長年携わった芯地接着機の販売を終えることになりました。

芯地接着機の交換ベルト

機械の販売が終了してからも、芯地接着機用ベルトの需要は衰えませんでした。ガラス繊維にテフロン樹脂をコーティングしたテフロンベルトは、一年から二年で新しいものと交換しなければならなかったからです。

サカエトレーディングが供給したベルトは高品質で、東南アジアのユーザーからは、サミット以外の芯地接着機の交換ベルトも製造してくれないかと依頼が来るようになりました。こうした依頼に対応しながら、サカエトレーディングが責任を持って販売するベルトには、メイド イン ジャパンとサカエベルトという印を付けることにしました。

このように、シンコー工業という重要な取引先を失う「危」に直面する一方で、新たな商材としてのベルト販売という「機」に出会うことができました。

さて、ベルトの需要の高さは先述の通りですが、中国国内の日系工場は上海周辺都市に多く、我々はそこに販路を持ちませんでした。このためサカエベルトは、香港から広がる中国南部にある工場と東南アジアを市場としていました。

なんとか、上海近辺の日系工場でも採用してほしいとアプローチをしましたが、地の利がなく、捗々《はかばか》しい結果が得られないままでした。

ケーエム裁断機の販売網

裁断機の販売に関して、ケーエム裁断機社は、香港や中国南部の販売はサカエトレーディングに任せていましたが、上海などの中国中央部、大連などの北部は、ケーエム上海を設立して独自の販売ルートを構築していました。サカエトレーディングは、このルートでサカエベルトを販売してほしいと申し出ることにしました。

これを快諾していただいた上に、日本国内での販売もケーエム社の販売網に乗せたいという話になりました。

ケーエム社では、技術者が通常行う芯地接着機のベルト交換の作業を実地研修し、サミットのような小型の機械（ベルト幅四〇センチ）から、ベルト幅で一メートルを超え円周は四メートルもあるベルトを取り付ける作業をもこなすようになりました。このような地道な努力のおかげで、サカエベルトは日本国内にも販路を広げていきました。

中国製ベルト

日本国内では順調に売り上げを伸ばしていましたが、中国の上海周辺では中国製ベルトとの価格競争に巻き込まれて、上海のケーエム裁断機社でも成果が出ませんでした。中国製のベルトの価格は日本製の十分の一、高額なものでも半額以下です。その分、品質は落ち寿命も短いのですが、多くの工場は安価なものに走りがちでした。

縫製業は、設備投資が簡単なこともあり、どの国でも工業化の初めに起こる産業です。一方で価格競争に巻き込まれやすく、安定して十分な利益を得にくい業種でもあるのです。

――ピンチをチャンスに変える

ケーエム社の破産

中国市場と日本市場で「危」と「機」が目まぐるしく変わる中、二〇〇八（平成二〇）年五月にケーエム社が破産しました。バブル後の低迷期をも乗り越えた優良なメーカーであったため、サカエトレーディングは今回、何の準備もしていませんでした。

この予想外の事態に、サカエトレーディングは裁断機の供給元とサカエベルトの販売網を一度に失うことになりました。

裁断機は日本と香港にある在庫で数カ月はしのげるとしても、テフロンベルトの国内販売の将来を考えると不安が残りました。

また破産の一報を聞いた時、ケーエム本社に納めるための特注ベルトが我々の手元に二本ありました。その先の注文主を確認しようにも、ケーエム社への電話は通じないため、どこに送ればいいのか分からない状態でした。やむなく、手元に残る資料から国内のアパレル機械の問屋、商社に一軒ずつ問い合わせをし、五日目にしてようやく、手元二本の注文主を見つけ出すことができました。

それぞれの注文主は、会ったこともないサカエトレーディングからの電話に驚きつつも、サカエベルトの供給元ということで耳を傾けてくれました。結果として、サカエトレーディングは日本国内のアパレル商社へベルトを直に販売することになりました。

混乱の中で

破産したケーエム社が競売にかけられた結果、岐阜にあるハシマ社がすべての権利を得ました。ブランド名も含めて、裁断機製造のための機械一式が鎌倉から岐阜へ移ることになりました。

ハシマ社の主力製品は芯地接着機であり、倒産したシンコー工業のライバルメーカーでした。かつてサカエトレーディングの香港支店は、ハシマ社の機械と販売を争っていました。サカエトレーディングは、このハシマ社とは取り引きを一切したことがありませんでした。たとえケーエム裁断機の香港の代理店であったとはいえ、既に香港に基盤を持つハシマ社にとって、サカエトレーディングは不要であり、取り引きから外されるだろうと予測できました。

そこで私は、意を決してハシマ社で唯一面識があった井上部長（故人）に会いに行き、

「サカエの香港支店は、香港で四〇年ケーエム裁断機を販売してきました。実績がありますが、過去には芯地接着機で御社と販売で争った経緯がありますが、どうかこの実績を生かしていただきたい」と、思いを素直に伝えました。

その場では「社長に伝えておきましょう」と回答されましたが、私はその言葉の響きから、部長が同意してくれたと感じました。果たして、数日後のハシマ社からの返事で、サカエトレーディングとサカエ貿易は、ケーエムブランドの裁断機の販売を約束されました。

テフロンベルトを売り込む

ハシマ社が新たに立ち上げたケーエムインプレス社で裁断機を製造し始めてから、私は岐阜の本社と工場を訪問する機会が増えました。

そのうちに、ハシマ社が中国で芯地接着機用のテフロンベルトを調達している他、日本でもベルト素材を購入して、自社でベルトに加工している事実を知りました。さらにそれらのベルトよりもサカエベルトの品質を良しとするお客様がいることも分かってきました。

できれば、ハシマ社で加工しているテフロンベルトをサカエベルトに置き換えてもらえないかと考え、私は月に一回程、岐阜県の揖斐にある工場に通い始めました。

それから半年後には、幸いにもハシマ社が日本で加工していたベルトはすべて、サカエベルトに置き換えてもらうことになりました。しかし、中国で調達していたベルトは、依然そのままの状態でした。

その後、一つのチャンスを得ます。ハシマ社が芯地接着機「コンパクトプレス」の製造をベトナムにシフトする中で、中国製のベルトから日本製のベルトに変更する可能性が出てきたのです。

そして、何度もの試作の結果、二〇一四（平成二六）年秋、ついにハシマ社の「コンパクトプレス」専用に開発したベルトが採用されました。

「ブルーエッジ」と名付けられたこのテフロンベルトは、「青色の両端」を持つことがその名の由来です。中国のベルトメーカーにはできない高度な加工技術を用いたものでした。

3　三つの教訓

――花崎良平の残したもの

情報収集、変化への対応、あきらめないこと　サカエトレーディングは創業以来、内にも外にも問題を抱え、幾度となく奈落に落ちるような体験をしました。しかしその都度、新しい取引先、お客様に巡り合いながら復活と再生を遂げました。

父が事業を興し、軌道に乗せる時に大切にしたのは「勇気」「情熱」「信用」でした。そして、その事業を継続するには「情報収集」「変化への対応」「あきらめないこと」が大切であると教訓を残しました。ここで、父の思いを一歩踏み込んでお話しします。

一つ目は「情報収集」です。最近では、「情報収集」といえばインターネットを思い浮かべますが、何かの媒体を通して得られた情報は、すでにコントロールされているものです。サカエトレーディングを助けたのは、「身の丈」の情報でした。人から話を聞き、自分の目で確かめることを、本当の「情報収集」であるとしたのです。

二つ目は「変化への対応」です。本章で述べた通り、サカエトレーディングが長年取り引きを続けていた二つのメーカーが突然なくなりました。その時、「落ち着いて、先を見る」、「悲観せず、柔軟に対応する」という態度に徹した結果、次のビジネスチャンスに繋げていくことができました。

三つ目は「あきらめないこと」です。決意して新しい道を歩き始めても、道が存在するわけではありません。自分たちで拓いて初めて道になるのです。このためには判断力とパワーが必要になります。そしてこれが、あきらめないという強い意志に繋がるのです。

旅路　サカエトレーディングを分割して設立した不動産管理会社である株式会社花崎は、二〇〇二（平成一四）年、名古屋市中区の同じ場所に新社屋を建設しました（巻頭9頁）。

一九七四（昭和四九）年、父の建てた社屋は、海外のお客様を迎える目的も加味し、池に鯉の泳ぐ日本庭園を持つものでした。しかし三〇年にも満たない期間でしたが、時代にそぐわなくなっていました。事務所の造りも、機器の発達により、貿易事務に多くのスペースを必要としなくなり、結果、非常に使い勝手の良くないものになっていました。このため、社屋を新しいものにし、加えて、ビル自体で収益を得られるようにとも考え、建て直したのです。

それから間もなく、二〇〇六（平成一八）年三月一四日、花崎良平が現役社長として、八四年の生涯を閉じました（巻頭10頁）。父の「憧れの旅」はここで終わり、私に引き継がれました。

新たな旅へ　古代、シルクロードを経由する往来の東の果ては、海柘榴市《つばいち》（現在の奈良県桜井市）でした。はるかペルシャから中国大陸を横断し、南シナ海、東シナ海を船で渡り、難波の津から飛鳥川をさかのぼって辿り着いた人や物は、その後の日本文化を形成する基になりました。

戦前・戦中に父が温めていた「西域シルクロードへの憧れ」は、サカエトレーディング設立で実践に移されます。父は「信用」や「誠実さ」といった人間としての魅力を武器に、香港や東南アジア、そして中近東と日本を貿易で繋ぎ、成功を収めました。

サカエトレーディングは、あたかもシルクロードをかつて行き交っていた隊商の一つのようでした。

しかし父個人の力に頼りすぎたばかりに、組織として成熟できず、内外に多くの困難を生む結果となりました。

サカエトレーディングは西域から山河を越え、砂漠を渡りきったにもかかわらず、日本を目前としながら、荒れ狂う海の前に立ち往生していました。サカエトレーディングが再生を果たしたこの二〇年間の歩みは、シルクロードの難所である東シナ海の渡海にたとえられるかもしれません。荷物をラクダから船に移し、態勢を組み直して、嵐の海へ漕ぎ出したのです。

渡海をあきらめることも一つの選択肢だったかもしれませんが、その時我々には、その考えはありませんでした。

旅の按針（航海長）は途中、父から私に代わりましたが、我々は試練の航海を必死の覚悟で乗り越えていきました。

こうして無事日本に辿り着いた後、サカエトレーディングは国内での足場を築き始めました。しかし安心している暇はありません。さらなる旅の準備を始めねばなりません。

花崎絹子小史

第六章

一〇〇年企業への挑戦

1　サカエトレーディングの歩む道

――サカエトレーディングが次に目指すところ――一〇〇年企業へ

自由な発想で新しい商売の開拓を

サカエトレーディングは二〇一二（平成二四）年にシンガポール支店、二〇一三（平成二五）年にマレーシア支店の譲渡を行い、海外の拠点を香港一カ所に集約しました。インターネットの発達と物流のスピード化で、支店を中継地としなくてもよくなった結果です。

六〇年前の開業時の貿易の形態は、今や大きく変わってしまいました。通信手段にインターネットが導入され、「変化への迅速な対応」を迫られる現実を商売のチャンスと捉え、何をすべきかを考えました。結果、サカエトレーディングが今までに成した取り組みは、大きく三つあります。

一．最新の通信手段を用いる

海外のお客様との通信環境に最先端の方法を取り入れるように心がける。

二．自前でウェブサイトを立ち上げる

以前からサカエトレーディングは、ウェブサイト、ホームページの必要性を重要なものとして捉えていました。当初は専門の業者に作成してもらっていましたが、サカエトレーディングが本当に発信したい内容を伝えることに限界を感じ続けていました。費用や時間をかけた分の効果が得られなかったのです。このため「自社で作成し、常に変化させ、更新していく」という方針に変更しました。制作のプロが作るわけではないので、出来栄えは満足がいくものばかりではありませんが、「考えていること――思いを伝える」ということを念頭に置いているので、少しずつ効果が出てきています。

三. オンラインショップを開設する

手始めにオンラインショップを開設して、国内の消費者にミシン刺繍糸を直接販売してみました。幸いにも、この試みはお客様の支持を得て、今年で一〇年目に入りました。販売品目や企画について、社内会議で常に意見を出し合っています。

この国内の試みから発展させて、世界全体に向けてサカエトレーディングのオンラインショップを展開し始めたところです。海外のお客様との通信、外貨の決済方法や国際物流は、サカエトレーディングがこれまで培ってきた知識と能力をフルに役立てる場になっています。

このように、これから企業が生き残っていくには、国境や商習慣からいったん離れ、自分たちで、自由に考え、果敢に挑戦する姿勢が不可欠だと思っています。

未来へ手渡したいもの

次世代のサカエトレーディングは、花崎家以外の人たちが経営していくことになります。私は花崎良平と血が繋がっていたので、特に言葉にしなくても、父の考えや志が分かりました。果敢に新しいことに挑戦する情熱と勇気、あきらめないという精神は、自然と私の中に息づいていました。しかし次に受け継ぐ人たちには、同じような感覚を期待することはできません。

次世代の人たちには、サカエトレーディングの基本精神を心に刻み付けて、変化に対応して会社を維持発展させてほしいと願っています。

六〇年間の歴史は、「未来への糧」でもあるのです。

サカエトレーディングの目標

会社を後継する人たちには、今まで蓄えた糧をエネルギーとして、この先の四〇年を生き抜き、一〇〇年企業を目指してほしいと思います。

そして、この四〇年の歳月の中で、更なる歳月を生き抜くための新しい蓄えを積み重ねていってほしいと思います。

サカエトレーディングの存在意義は、海外と日本の架け橋に徹していたことです。輸出する場合も、輸入する場合も、商品という物を巡って、売る人と買う人が最善の状態で巡り合えるように徹してきました。双方が喜び、満足できる状態を作り出してきたのです。

人が生き、物が生産されれば、サカエトレーディングの仕事は一〇〇年とは言わず、永遠に存在します。

生半可な道程ではないかもしれません。しかし、次から次へと訪れた困難を乗り越えてきたサカエトレーディングにとっては、不可能であるとは思いません。

2　一〇〇年企業達成のために

――準備と心構え

勝つ体質と組織　現在の経営者である私が心がけ、次世代にも繋いでいきたいことが、いくつかあります。

一つ目は「勝つ体質を作り、維持すること」です。

かつてサカエトレーディングは、「どれほど努力して儲けても、必ず負ける体質になっている」と評されました。サカエトレーディングの体質改善は急務であり、この三〇年余り努力を重ねてきました。今言えるのは、一人の才覚に頼るという甘い考えを捨て、社長を含め社員全員で課題を解決する姿勢を貫く。これが商社の勝つ体質作りには必須です。

「課題を解決する」と、言葉で言うのは簡単ですが、商売の世界にすぐに出せる正解はありません。正解もまた、時間をかけて自分たちで作り上げるものだからです。

しかし、課題に関しては、どこかの時点で決断をすることが必要になります。判断をし、決断をするのは経営者の役目です。経営者が、正しい判断ができるように社員全員で考え、意見を出すことができる「組織を作る」ということが、二つ目に私が次世代に繋いでいきたいことです。

父の才覚で、サカエトレーディングは企業として成長しました。多くの人を社員として迎え入れましたが、人育てには成功したとは言えません。私は、サカエトレーディングの崩壊を食い止め、立ち直らせることに力を注いできました。組織の持つ力を取り込むことができれば、サカエトレーディングは、もっと盤石な会社になれるのにと日々思いつつも、そこまで手が回らない状態でした。一人一人の力は微力でも、組織として機能すれば、その何倍もの力を生み出していくものなのです。

三つ目は、その組織を運営する上で、社員全員が意識すべきことを書いておきます。

それは「継続は力なり」と、「科学的、論理的思考を判断基準とする」という二点です。

「あきらめない」ということは、ある程度の時間的な経過と結果の上でのことで、「継続は力なり」とは少し異なります。これは、事を始めるにあたっての覚悟のようなものです。「継続する行為」が、エネルギーを生み出し、その力が会社を継続させる素になります。

「科学的、論理的思考」とは難しい言葉の響きですが、単刀直入に言えば、「感情に任せて判断しない」ということです。とはいえ商売という動きのある世界での判断ですから、速やかにすることも必須条件です。常日頃意識していれば、誰にでもできることと考えます。

商社マンの姿――サカエトレーディングの社員に望むこと

品格、感性、創造　商社マンには、言葉遣いや態度に「品格」が必要です。人には生まれ持った素質もあるでしょうが、成長し、大人になっても常に知識を豊かにし、感性を磨く努力をしていかねばなりません。この点をサカエトレーディングに所属する人たちには、常に意識していてほしいと思います。

たとえば、商社マンは英語で相手と会話する機会がたくさんあります。文法を踏まえた綺麗な英語は、商談する上でプラスになります。これは日本語でも同じことです。正しく美しい言葉遣いをするだけで相手から信用を得ることも可能なのです。

また、情報に対する「感性」も磨いていかなくてはならないものです。それがなければ、出荷の手配と書類の作成だけを行う事務員で終わってしまいます。

せっかく相手が商談の中で重要なサインを出していても、感性が鈍い人はそれを見逃してしまうからです。

現在はウェブサイトで、膨大なデータを簡単に手に入れることができます。しかし感性が鈍ければ、適切なものを選択できないばかりか、判断さえ誤るかもしれません。

感性も持って生まれたもので、磨くと言っても簡単ではありませんが、なにか自分で感動できるものを持っている必要はあると思います。ある音楽を耳にすると、心が動かされる。あるデザインを見て「美しい」と思い、心が動く。動物や植物といった生物に対する心の動きでも構いません。常にアンテナを張って、自分の感性に合うもの、自分の感性をゆり動かすものを探し続けることによって、商売に対する感性もおのずと磨かれていくだろうと思います。

商売を創り上げる力もまた、商社マンには絶対に必要です。良い結果を出せたか、つまり商売ができたか、利益を出せたかどうかで評価が決まります。チャンスを掴み、粘り強くやり抜くことで力はついていきます。

このように、私の理想とする商社マンたちが集まって事業を行うサカエトレーディングが、人の心に感動を与えられる会社に大きく成長すれば、それは素晴らしいことです。ぜひ、サカエトレーディングの流儀を、未来に繋げていってほしいと願います。

あとがき

サカエトレーディングの記録を文章にして残そうと思い立ち、六〇周年を目指して、資料を探し、関わった方々から話を聞き始めてから数年が経ちました。サカエトレーディングが創業から六〇年目の今、和暦も五月一日を以て平成から令和に変わりました。

花崎良平も平田氏も鬼籍に入りましたが、これまで関わってくださったすべての方々に感謝し、さらなる精進のために、粉骨砕身していこうと決意を新たにしています。

ところで、文章をまとめながら、一つの疑問が脳裏に浮かびました。それは、人が作った会社の寿命はどうやって決まるのだろうかということです。

会社の内的要因で崩壊する場合もあり、日本の経済事情という外的状況に押し潰される場合もあります。いずれにしても働いていた人たちは、その後の人生の方向転換を余儀なくされます。それが一概に不幸であるとは言えませんが、家族も含め影響が出ることは否めません。サカエトレーディングもこうした取引先の廃業等による対処に時間とエネルギーをたくさん費しました。

そうであれば、サカエトレーディングは、「働いている人たちが安心して生活できるようにすること」「取引先が安心できるような企業体であり続けること」の二点を使命にしていかなければならないと思いました。そうすれば、安易に寿命が尽きることもないように思います。

「サカエトレーディングを一〇〇年企業に」という目標を掲げるのも、そこにあります。

具体的な将来像は、巨大な総合商社というようなものではありません。ヨーロッパにある、三〇〇年、四〇〇年という歴史を持つ商社をモデルとして目指しています。会社を大きくすることより、会社を存続させることで社会的な役割を果たしていきたいと思うからです。雇用の継続、必要とされる商品の製造、あるいは供給。働く人たちが満足し、プライドを持っている会社。「サカエトレーディングが関わっているのなら安心だ」と言われるようになれば幸いです。

二〇一九（令和元）年　秋

サカエトレーディング株式会社

代表取締役　花崎絹子

対談 ―― 次世代へのメッセージ

ここでは、二〇一九（令和元）年九月三日に行われた、サカエトレーディングの花崎絹子社長と出版社の編集者との対談の内容を文章にしました。これから先の時代、サカエトレーディングに関わる全ての人たちへのメッセージが含まれています。

また、大きく激動している現在、一〇〇年企業を目指して歩み続けるサカエトレーディングの不動の道標《みちしるべ》についても語られています。

――花崎絹子さん、まずは六〇周年、誠におめでとうございます。本書では、先代社長・花崎良平さんの生い立ちから始まり、二〇一九年現在まで、六〇年の歴史を振り返っていただきました。

はじめに、これまでサカエトレーディングに関わって来られた方々に向け、今の気持ちをお聞かせください。

サカエトレーディングと私が、今あるのは、亡くなった方も含めて、関わりを持って下さった方々のおかげだと思っています。「感謝」以外の何ものでもありません。皆さまに出会えたことが幸せです。

――先代社長であり父親である花崎良平さんへの想いをお聞かせください。

本書の執筆にあたって、先代社長で父でもある花崎良平のありがたみを、改めて実感しました。私のこと――花崎絹子の、短所も含めて受け入れ、見守り続けてくれました。母が亡くなって、間もなく父が亡くなったのですが、その時に「絶対的に無条件で自分を認め、愛してくれる人は、世の中からいなくなった」と思いました。愛情の深さは、亡くなってから分かりました。

――血のつながりは、やはり何ものにも代えがたいですね。絹子さんから見て、良平さんはどんな人でしたか。

一言で表せば「リベラルな人」です。

あの年代の人では珍しく、差別なく人に接していたように思います。ごく自然にそうしていました。それと、自分の勘で動いていて決断が早かったですね。相手を信用したからこそ、相手も花崎良平を信頼してくれたのでしょう。

悪い結果を招いてしまったこともありましたが、不用心なぐらい他人を疑いませんでした。そこまで純粋に人のことを好きになれる性格は、誇りに思いますね。

――絹子さんが良平さんから学んだこと、そして、今も守っていることはありますか。

律儀な仕事をすることでしょうか。

「一度取引をしたお客様とは、続けうる限り、永くお付き合いしていきたい」と考えていたと思います。

貿易業では、お客様の顔を直接見る機会が限られています。そのため、文書や電話の内容から、お客様を感じ、何を望んでいるのかを推し量ることが、商売継続の鍵となります。

お客様を大切にし、できるだけ永くお付き合いができるよう誠実で律儀な仕事を心がけています。

——良平さんと長年ともに歩まれた、平田さんの仕事ぶりにも律儀な印象を抱きました。平田さんについ教えていただけますか。

同い年の生まれなので、時代背景は一緒なのですが、花崎良平は大胆なところがあり、平田さんはとても慎重な人でした。コツコツ努力するところ、決断が早く、的確であったのは同じです。

平田さんは雇われている立場ということもあって、一歩譲って言葉を飲み込んでいたと思います。

私が知る限りでは、平田さんに対して父が「それはダメだ」とか「やめなさい」と言ったことはありませんでした。ですが、きちんと言葉にして平田さんが「いいでしょうか」と聞いて、「いいよ」と返す関係を二人は築いていました

私がこのまま会社を継ぐだろうとなった時、父が言った言葉があります。

「早く、信頼のできるナンバー2を見つけることだ」と。

――平田さんはナンバー2として、良平さんの頼れるパートナーだったのですね。

続いて、絹子さんがサカエトレーディングを引き継ぐこととなった当時の想いをお聞かせください。また、経営者としてのご自身を振り返って、どのように自己評価されますか。

入社してからは、とにかく戦いの日々でした。本書をお読みいただければ分かりますが、今回、裁判をはじめとした暗い歴史が一章分となりました。

攻められたから守るしかなくて、守るためには戦うしかありませんでした。経営者というよりは、「司令官」のようでした。

司令官としての出来はそんなに悪くなかったはずですが、経営者として必要な要素はまた違います。その意味では、まだまだ出発点です。

――サカエトレーディングは扱う商材は変われど、貿易一本で続けられています。絹子さんは、どんなときに仕事を楽しいと感じますか。

大きい注文が来たときですね（笑）

また、お客様に喜んでもらったときでしょうか。

インターネットの普及で、商売のスピードは桁違いに速くなりました。これまで一カ月ぐらい掛かっていた商談が、朝始まってその日の夕方には成立することもあります。そのスピードを感じるのもまた楽しい瞬間です。

――具体的な事業の話が出てきたところで、さらに踏み込んだ質問をさせていただきます。カンパニースピリッツ、いわゆる経営理念はありますか。

「懸け橋に徹する」ですね。

「懸け橋」は、人が行き来する場であったり、近づけない距離にいる者同士を物理的、心理的に結びつけることができます。

私たちに求められているのは、メーカーになったり、小売商になったりということではなく、「懸け橋」となるためのスキルを身に着けること。だから「徹する」なのです。

――商社の仕事を「懸け橋」に例え、さらに「徹する」という言葉は、サカエトレーディングの歩んできたブレない芯の強さを表現しているようですね。

具体的には、どのような「懸け橋」になろうと考えられているのでしょうか。

最近は、インターネットを含め、即時性を持つ直接取引があるため、我々のような商社の仕事は、いずれなくなると思われがちなのですが、案外そんな中にも役割はあります。サカエトレーディングでは、商品を動かすだけではなく、きめ細やかなサービスを行っています。

いったん商品を見極めた上で、勧める相手、すなわち、お客様を探します。お客様が欲しいと言われる物を探すときには、自ら評価してから販売しています。輸出品はもちろんですが、輸入品も必ず検品をしてからお客様へ届けるようにしています。それでも、お客様に不満が残る場合があります。そうした場合は、いったんお客様の心を受け止めるようにします。その後、一緒に解決方法を考えていきます。

これが、同じお客様が商品を十数年も注文し続けてくれる理由ではないかと思います。一度でもお付き合いが始まった相手に対しては、「懸け橋」として最後まで責任を取ることを信条としています。

――最後まで責任を取られること、お客様にとって、これほど安心できることはないでしょう。

先ほどもインターネットを通じた取引の話題が出ましたが、この六〇年でお客様との連絡手段も変わってきたことと思います。サカエトレーディングでは、どのような手段を用いて対応されていますか。

先にも述べた、「永いお付き合い」を目指すために、どうしたらいいのかを考えて、常に最新の通信環境を取り入れるようにしています。

私の入社当初は国際郵便という手段が主で、国際電話も電報も非常に高価なものでした。一九八〇年代からのファックスの普及は、格段に貿易業務を行いやすくしてくれました。今ではインターネットを利用したメールが、通信の主流です。さらに、各種のサービスが世界を一つにしています。

――「懸け橋に徹する」にあたり、サカエトレーディングは、お客様あるいは取引先に対して、どのような役割を担っているのでしょうか。

いったんつないだ懸け橋を、強固なものにしたり、広げたりすることが、サカエトレーディングの役割だと考えています。

また、経験をもとに「この取引では、良い懸け橋になれる」と判断するのは、経営者の役割だと思っています。経験値が重要になってきます。

お互いの気持ちがつながったとき、メーカーは「さらによい製品を作ろう」と啓発されるし、お客様は「ここまでやってくれた」という気持で、相乗効果がでます。計算できない部分でもあります。

不確実性の時代、サカエトレーディングがつくった懸け橋が、ある瞬間、相手にとって堅固なものであれば、評価されるだろうと思います。

——そこで質問なのですが、商品は、どのような判断基準で選ばれているのでしょうか。

日本の製品を輸出する場合は、世界中で一番良い物を提供しているという自負があります。輸入の場合は、品質の評価と、価格が適正かどうかという判断が先行します。

実際に値打ちのあるものを提供したいと常に思い、そうしているという自負があります。

また本書でも触れましたが、商品の品質を守るために、メーカーの経営者や営業の人たちの姿勢を見るように心がけています。違和感を覚えたときには、すぐに聞いたり、調べたりしています。おかげで、安心して日本の製品を世界中に輸出し、海外の商品を国内で販売できるのです。

――誇りを持って勧められる日本の商品を見つけ出して、それを世界に売り込んでいくことは、社会性もある仕事ですね。

商品を見つけ出して、それを世界中に紹介することがサカエトレーディングの存在意義だとまで言い切れるようになれば理想的です。

先ほど通信は、飛躍的に速くなったと申しましたが、貿易は悠久といいますか、元来のんびりしたものです。その点を理解していただくのは、難しいところです。チャンスを見逃さないためにも、常にアンテナを張って、商品を見つけることがとても大事だと思っています。

——日本国内の流通とは異なる時間の流れを理解していただく必要がありますね。

相互の関係、パートナー関係を重視していくつもりです。

関係性が暴走して、破綻してしまったこともありました。ブレーキをかける人がいれば、また違う関係が得られたかもしれません。ただし、相手に対して入りきれない領域がありますので、あまり執着しないのも、私たちの姿勢だと思います。

——取引先のあり方を尊重する。ここでも、「懸け橋に徹する」という経営理念が根付いているのだと思います。

ちなみに、今まで語っていただいた、扱う商品や相手に対する想いを、これまでにお客様や取引先へ向けて広く発信されたことはありますか。

正直言って、経営理念や取り扱う商品に対する考え方について、外部発信する努力はあまりしてきませんでした。

ここ一〇年ぐらいで、ようやく「架け橋に徹する」という経営理念に至ったところです。それを日々実践しているだけで、言葉としての発信は不十分だったように思います。この六〇年を一つのきっかけとして、サカエトレーディングという貿易商社の存在を世界中に知ってもらいたいと思います。その努力も継続していかなければ、一〇〇年企業として生き残れないと思っています。

――社員さんたちが見つけてきた商品によって、懸け橋が広がっていく可能性、将来性はあるのではないでしょうか。

もちろんです。将来の商品候補を見つけてくる。これが最初、種撒きです。百粒の種を撒いて一つ芽が出れば幸運です。でも何もしなければ、育つものはありません。これまで、社員さんに対しても「種撒き」の必要性を根気強く語ってきました。

しかし、本当にそれは大変なことです。常に心掛けていないとできないことです。

現在サカエトレーディングでは、インターネットのオンラインショップを運営しています。新たな挑戦でしたが、始めてから一〇年経ちます。貿易以外の販売の方法を持てたことは、大いに意義があると思っています。

社員さんたちが探してきた種を撒き、ともに育て、果実を収穫できるようにするのがこれからの課題です。

——そこでお尋ねしたいのですが、社員さんに対して、経営者としてどのように接していきたいとか、こう育てていきたいといった思いはありますか。

経営者と社員さんの立ち位置は、川の対岸同士というぐらい違うときがあります。しかし、それが離れすぎていては会社が成り立ちません。

経営者はいろんな意味で、社員さんに自ら歩み寄る努力をする必要があると考えています。社員さんは、必要があれば「社長」って来ますからね。

歩み寄る方法として、話を聞き、考え方を啓発し、コミュニケーションを取るように心がけています。

百人が百通りの考えを持ち、ものの見方は違うにしても、人間として豊かな感性、感情を育んでほしいと思います。様々な波が来たときに、乗り切れるよう、気持ちも強くなってほしいです。これは、私にも必要なことですので、一緒になって成長していきたいですね。

――一方で、社員さんにとって、サカエトレーディングはどのような役割を果たす場だとお考えでしょうか。

縁があって集まった社員さんたちにとって、サカエトレーディングは、「よりどころ」であるべきだと思っています。

会社は社員さんにとって生活の基盤です。社員さんの家族に対しても責任があります。安定して、安心して勤められる状況を維持したいと思っています。人生の三分の一を会社で過ごすので、会社にいる時間、仕事をする時間を楽しいと感じてほしいです。

根底にあるのは、お客様や取引先へ対する思いと同じように、いったん会社に入った以上は、永く一緒に働いてほしいという考えです。

社員さんたちが安定して勤められる企業であれば、ここをベースに、何かを成し遂げようと、チャレンジすることができます。

——会社を長期的に存続させるというお話が出ましたので、「一〇〇年企業を目指す」という目標について、お伺いします。今後も絹子さんお一人の選択で、会社を維持し続けるのは、この先難しいのではないでしょうか。

世界情勢がこれだけ大きく動いている中で、サカエトレーディングの名前を、あと四〇年以上続けるとなると、細心の注意を払って日々過ごしていかないといけないと思っています。

企業を取り巻く環境が変わり、一人の経営者のセンスとか、販売能力とか、語学力とか、行動力とか、そういうものだけではない、はるかに超えた違う力を使わないといけない時代になりました。

会社には、様々の知識と能力を持つ人が必要で、二人でも、三人でも、組織にならないとやっていけないと、今は思っています。

――社員さんたちを巻き込む試みは、何か考えられていらっしゃいますか。

ちょうど本書を書いているときに、今後のサカエトレーディングはどうするべきかと考えて、今年の四月に、社員さん一人一人と話をしました。

役員の一人になり、株主になって運営していくという提案をしたところ、今いる全員が「やります」と返事をしてくれました。

これまで、利益配分は私が決めていましたが、収益をオープンにしていくつもりです。毎月の取締役会で、会社の方針も収益も確認しつつ、合議していくのが理想です。

自分たちの生活の基盤としてのサカエトレーディング。自分たちが経営する会社として捉えることで、会社経営の中身、自分の役割を現実的に自覚してもらいたいと思っています。

今年の秋から来年にかけて、新しい運営を計画しています。

これからもサカエトレーディングが成長し、生き残っていくには、組織を堅固なものにすることが最も重要であると考えています。

経営理念の「懸け橋に徹する」という言葉を頭に置き、経営者の目線で会社を理解できる次世代を育てることが、私の次の仕事だと自覚しています。

——これから先のサカエトレーディングのますますの発展を楽しみにしています。

絹の道の懸け橋　サカエトレーディングが紡いだ60年

2019年11月17日　初版発行

著　者 ―――――― 花崎 絹子
発行所 ―――――― 株式会社　三恵社
〒462-0056 愛知県名古屋市北区中丸町 2-24-1
TEL 052-915-5211　FAX 052-915-5019
URL http://www.sankeisha.com

ブックデザイン ――― alcreation

ISBN 978-4-86693-154-8 C0095